Der Autor

Dieter Schnocks ist Dipl.-Psychologe und Psychologischer Psychotherapeut, Psychoanalytiker, Dozent, Supervisor und Lehranalytiker.

Dieter Schnocks

Mit C. G. Jung sich selbst verstehen

Acht Erkenntnisaufgaben auf unserem Individuationsweg

2., aktualisierte Auflage

Verlag W. Kohlhammer

Dieses Werk einschließlich aller seiner Teile ist urheberrechtlich geschützt. Jede Verwendung außerhalb der engen Grenzen des Urheberrechts ist ohne Zustimmung des Verlags unzulässig und strafbar. Das gilt insbesondere für Vervielfältigungen, Übersetzungen, Mikroverfilmungen und für die Einspeicherung und Verarbeitung in elektronischen Systemen.

Pharmakologische Daten verändern sich ständig. Verlag und Autoren tragen dafür Sorge, dass alle gemachten Angaben dem derzeitigen Wissensstand entsprechen. Eine Haftung hierfür kann jedoch nicht übernommen werden. Es empfiehlt sich, die Angaben anhand des Beipackzettels und der entsprechenden Fachinformationen zu überprüfen. Aufgrund der Auswahl häufig angewendeter Arzneimittel besteht kein Anspruch auf Vollständigkeit.

Die Wiedergabe von Warenbezeichnungen, Handelsnamen und sonstigen Kennzeichen in diesem Buch berechtigt nicht zu der Annahme, dass diese von jedermann frei benutzt werden dürfen. Vielmehr kann es sich auch dann um eingetragene Warenzeichen oder sonstige geschützte Kennzeichen handeln, wenn sie nicht eigens als solche gekennzeichnet sind.

Es konnten nicht alle Rechtsinhaber von Abbildungen ermittelt werden. Sollte dem Verlag gegenüber der Nachweis der Rechtsinhaberschaft geführt werden, wird das branchenübliche Honorar nachträglich gezahlt.

Dieses Werk enthält Hinweise/Links zu externen Websites Dritter, auf deren Inhalt der Verlag keinen Einfluss hat und die der Haftung der jeweiligen Seitenanbieter oder -betreiber unterliegen. Zum Zeitpunkt der Verlinkung wurden die externen Websites auf mögliche Rechtsverstöße überprüft und dabei keine Rechtsverletzung festgestellt. Ohne konkrete Hinweise auf eine solche Rechtsverletzung ist eine permanente inhaltliche Kontrolle der verlinkten Seiten nicht zumutbar. Sollten jedoch Rechtsverletzungen bekannt werden, werden die betroffenen externen Links soweit möglich unverzüglich entfernt.

2. Auflage 2020

Alle Rechte vorbehalten
© W. Kohlhammer GmbH, Stuttgart
Gesamtherstellung: W. Kohlhammer GmbH, Stuttgart

Print:
ISBN 978-3-17-036812-5

E-Book-Formate:
pdf: ISBN 978-3-17-036813-2
epub: ISBN 978-3-17-036814-9
mobi: ISBN 978-3-17-036815-6

Geleitwort

Das Buch hält, was es im Titel verspricht. Wenn man es langsam und nachdenklich liest, hat man einen Weg gefunden, sich besser zu verstehen, den jeweils nächsten Schritt zu erkennen und dann auch mutig zu gehen. Viele lebensnahe Beispiele stimulieren diese introspektive Schau. Sie sind konzentriert beschrieben, manchmal fast zu kurz zusammengefasst. Aber gerade dadurch regen sie die Phantasie des Lesers und der Leserin an. Man spürt die große therapeutische Erfahrung des Autors als Psychoanalytiker wie auch als Lehrender. Er ist Dozent und Lehranalytiker am C. G. Jung-Institut Stuttgart und zurzeit dessen erster Vorsitzender. Er hat in Köln eine inzwischen weithin bekannte Jung-Gesellschaft gegründet, nach dessen Muster in der Folge viele weitere Jung-Gesellschaften in Deutschland gegründet wurden. Die Aktivitäten der Jung-Gesellschaften erfreuen sich zunehmend der Beliebtheit und Anerkennung.

Dieter Schnocks zeichnet aufgrund seiner begeisternd lebendigen rheinischen Art eine ganz besondere pädagogische Begabung in Wort und Schrift aus, was sehr zu zunehmender Bekanntheit der Jung'schen Psychologie nicht nur in Deutschland beigetragen hat. Hier möchte ich auch auf sein erstes Buch hinweisen: *Was unsere Träume sagen wollen* (Herder 2009).

Die beeindruckende, aber nie ermüdende Fülle des vorliegenden Buches zu beschreiben, würde den Rahmen eines Geleitworts sprengen. Stattdessen empfehle ich sehr, das hervorragend gegliederte und informative Inhaltsverzeichnis zu studieren. Es verweist im ersten Teil auf die Konzepte der Analytischen Psychologie mit vielen weiterführenden Unterabschnitten und dann wird im zweiten, dem praktischen Teil, beschrieben, »was auf meinem Individuationsweg« geschieht. Auch hier bleibt der Autor bezogen auf den inneren Weg der Individuation praxisnah, gut verständlich und immer seinem Thema treu.

Das Buch eignet sich hervorragend sowohl für ein Selbststudium als auch zu Prüfungsvorbereitungen. Zentrale Konzepte der Analytischen Psychologie, wie zum Beispiel die Gegensatzstruktur der Psyche, sind sehr sorgfältig und genau herausgearbeitet, so dass die Leser einen fundierten Ein- und Überblick über alle relevanten Themen erhalten und den Jung'schen Standpunkt fundiert mit anderen Theorievorschlägen aus dem heute sehr umfassenden Wissenschaftsbereich vergleichen können. Die Pendelbewegung, die Enantiodromie, die Äquivalenz und Entropie sowie die vielfältigen Umwandlungen der Energie in der Selbstregulierung der Psyche werden gründlich bearbeitet und damit entscheidende Unterschiede zu anderen theoretischen Modellen dargestellt, so dass sich jeder Leser und jede Leserin ein genaues Bild machen kann und eine fundierte Basis für kritische Vergleiche erhält. Dies sind nur einige der wichtigen Themen des Buches.

Im praktischen Teil werden acht Fragen für den Weg der Selbstverwirklichung gestellt. Sie sind sehr persönlich formuliert, regen Fantasie und Geist an, sich noch einmal mit dem Thema des Buches zu beschäftigen und auf diese Weise einen je eigenen Zugang zur Individuationsthematik zu finden.

Die hinführenden Fragen zu jedem Kapitel regen auf differenzierende Weise zum Nachdenken an. Man könnte und sollte den Fragenteil vielleicht auch zuerst lesen. Die Theorie liest sich danach wahrscheinlich leichter und macht Mut und Lust, sich dann genauer mit den teilweise schwierigen theoretischen Überlegungen zu beschäftigen. Doch beide Teile bilden ein lebendiges Ganzes, sie stellen ein sehr lesenswertes und lohnendes Buch zu C. G. Jung und seinem Werk dar. Möge es einen guten Weg gehen, viele an der Analytischen Psychologie Interessierte finden, auch Ausbildungskandidaten eine wertvolle Studienhilfe sein und dem Autor, meinem Kollegen Dieter Schnocks, die verdiente Anerkennung bringen.

Dr. Theodor Seifert

Inhalt

Geleitwort	**5**
Vorwort zur 2. Auflage	**13**
Einleitung und Vorbemerkungen	**15**
C.G. Jung – Leben und Wirken	16
Entwicklung der Jung'schen Tiefenpsychologie	18
Mein persönlicher Zugang	19

Teil I Die Konzepte der Analytischen Psychologie

1	**Das Individuationskonzept**	**23**
1.1	Was bedeutet Individuation?	23
1.1.1	»Erkenne dich selbst« und »Werde, der du bist«	24
1.1.2	»Werde ganz, der du bist«	25
1.2	Wie geschieht Individuation?	27
1.2.1	Der drängende schöpferische Impuls	27
1.2.2	Individuation als Bewusstseinsprozess	28
1.2.3	Differenzierung – Was ist das Besondere an mir?	29
1.2.4	Integration – Was gehört zu mir?	30
1.2.5	Beziehungsfähigkeit: Bezogen sein auf das Du	32
1.2.6	Entwicklungsaufgaben in einzelnen Lebensphasen mit unterschiedlichen Herausforderungen	32

2	**Die Konzepte vom Aufbau der Psyche**	**34**
2.1	Das kollektive Bewusstsein	38
2.2	Das Ich-Bewusstsein	39
2.2.1	Die Persona	42

2.3	Das Unbewusste	42
2.3.1	Das persönliche Unbewusste	43
2.3.2	Das kollektive Unbewusste	46
2.4	Das Selbst	49

3	**Libido – die treibende Kraft in uns**	**51**
3.1	Was bedeutet Libido?	51
3.2	Die Gegensatzstruktur der Psyche	53
3.3	Die Bewegungen der psychischen Energie	56
3.3.1	Kausalität und Finalität	56
3.3.2	Progression und Regression als gerichtete Bewegung	57
3.3.3	Die Pendelbewegung – Enantiodromie	61
3.3.4	Extraversion und Introversion	62
3.4	Selbstregulierung der Psyche	63
3.4.1	Der Mechanismus der Kompensation	64
3.4.2	Die Prinzipien Äquivalenz und Entropie	66
3.4.3	Verlagerungen, Umwandlungen und Projektion der Libido	69
3.4.4	Signale aus dem Selbst	74

4	**Symbolpsychologie**	**75**
4.1	Was ist (bedeutet) ein Symbol?	75
4.2	Symboltheorie der Analytischen Psychologie	77
4.2.1	Der energetische Charakter des Symbols	78
4.2.2	Der Archetypus spricht Symbolsprache	80
4.2.3	Körpersymptome symbolisch verstehen	82
4.3	Symbole verstehen und nutzbar machen	83
4.3.1	Wie sich die Bedeutung der Symbole erkennen lässt	84
4.3.2	Der therapeutische Umgang mit Symbolen	88
4.3.3	Die symbolische Einstellung und ihre Gefahren	89
4.4	Symbol und Selbst	90
Beispiele für Symbole des Selbst		91

5	**Mit den Methoden der Jung'schen Tiefen-**	
	psychologie dem Inneren begegnen	**94**
5.1	Spezifische Methoden der Tiefenpsychologie	
	C. G. Jungs	95
5.1.1	Traumarbeit	96
5.1.2	Aktive Imagination	97
5.1.3	Unbewusstes Malen	98
5.1.4	Sandspiel	99
5.2	Anwendung der Konzepte der Analytischen	
	Psychotherapie	100
5.2.1	Analytische Einzeltherapie mit Erwachsenen	101
5.2.2	Analytische Einzeltherapie mit Kindern	
	und Jugendlichen	101
5.2.3	Gruppentherapie oder Selbsterfahrungsgruppen	102
5.2.4	Vermittlung der Inhalte und Konzepte	
	an Interessierte	102
5.3	Therapeutische Methodik	103
5.3.1	Ich-Grundfunktionsarbeit in der analytischen	
	Therapie	103
5.3.2	Durcharbeiten der Komplexinhalte	
	des persönlichen Unbewussten	104
5.3.3	Erkennen der archetypischen Dimension	
	der Themen	105
5.3.4	Für Signale aus dem Selbst offen sein und	
	sie beachten	105
5.4	Seelische Heilung oder Reifung und Sinnfindung?	105

Teil II Die Anwendung in der Praxis

6	**Was geschieht auf meinem Individuationsweg?**	**111**
Drang nach Entwicklung		112
Besonders sein		112
Auf dem Weg zu sich mit dem Du		114
Wie kann ich erkannte Potentiale in mein Leben integrieren?		115

7 Acht Fragen auf dem Weg der Selbstverwirklichung 117

Frage 1: Wer bin ich?	117
Wie sehe ich meine Ich-Person?	117
Wie orientiere ich mich mit meinen Funktionen?	118
Welche Persona-Aspekte zeige ich meiner Umwelt?	120
Wie sieht es mit meinem Ich-Selbstwert aus?	123
Frage 2: Was verberge ich?	125
Was ist in meinem Schattenkomplex enthalten?	125
Gibt es ungelebte Lebensimpulse?	129
Wie gehe ich mit meinen Schattenimpulsen um?	130
Wie stehe ich zum kollektiven Schatten?	132
Frage 3: Was habe ich gelernt?	133
Wie werden meine persönlichen Komplexe wirksam?	134
Wie gehe ich mit meinen Kompleximpulsen um?	135
Was weiß ich über die archetypischen Kernelemente meiner Komplexe?	136
Frage 4: Wie kann ich mich archetypisch erweitern?	138
Erkenne ich die Wirkung der Archetypen?	138
Wie reagiere ich auf archetypische Symbolik?	141
Ist der archetypische Blickwinkel eine Weisheitsquelle für mich?	143
Frage 5: Was treibt mich an?	144
Nehme ich meine inneren Gegensätze an?	145
Wie lebe ich meine Extraversion, wie meine Introversion?	147
Wie bewusst erlebe und erspüre ich meine Progression und Regression?	148
Frage 6: Wie reguliert sich meine Psyche?	150
Weiß ich um mein Energiepotential?	150
Wie funktionieren meine Kompensationsmechanismen?	151
Kann ich mich in meinen Projektionen erkennen?	152
Gelingt mir die Umwandlung meiner Energien?	152
Frage 7: Wie gestaltet sich mein Weg zum Lebenssinn?	153
Habe ich erkannt, dass Lebenssinn eine ganz subjektive Bewertung ist?	153
Suche ich aktiv nach meinem Lebenssinn?	155
Wie gestaltet sich Sinnfindung auf dem Weg durch meine Lebensphasen?	155
Frage 8: Wie gelangt mein Ich zum Selbst?	157
Wie kann ich ganz persönlich Selbsterfahrung erleben?	157

Ob ich Selbst-Erfahrung als Gotteserfahrung erfahren kann?	160
Gelingt es mir, meinen Erkenntnissen zu vertrauen?	160

Literatur   162

Zitierte Quellen	162
Literatur von C. G. Jung	163
Literatur zu Leben und Werk C. G. Jungs	163
Ausgewählte Fachliteratur zur Analytischen Psychologie	164
Ausgewählte Literatur zu den Methoden	164
Weblinks zur Analytischen Psychologie	165

Stichwortverzeichnis   167

Vorwort zur 2. Auflage

Es freut mich sehr, dass das vorliegende Buch nun in 2. Auflage erschienen ist und es somit bei Interessierten an der Tiefenpsychologie C. G. Jungs eine gute Aufnahme gefunden hat.

Das Buch vermittelt Grundlagen zum Verständnis wesentlicher Konzepte der Analytischen Psychologie. Dabei ist es mir ein besonderes Anliegen gewesen, die Inhalte möglichst verständlich darzustellen. Dies erschien mir besonders wichtig, da C. G. Jung in seinem umfangreichen, komplexen und vielschichtigen Werk die großen Linien oft nicht systematisch aufgezeigt hat.

Die Darstellung der Konzepte Jungs, vor allem im Hinblick auf den mehr bewussten Teil des Individuationsweges, ist ein Versuch, diese Linien der Individuation in acht Schritten zu skizzieren und erste Anregungen für deren Verwirklichung zu vermitteln.

Das große Opus der individuellen Individuation kennt natürlich noch viele andere, aus dem archetypischen seelischen Innenraum kommende Aspekte, die im vorliegenden Buch nicht ausführlich behandelt werden und meist nur angedeutet werden konnten. Insbesondere ist hier an die religiösen und spirituellen Dimensionen der Psyche zu denken. Diese wären – unter dem Thema »Individuation: Sinnfindung, Symbolverstehen und Religiosität« – wohl ein weiteres Buch wert.

Ich wünsche Ihnen, dass Ihnen aus dem Verständnis der Konzepte der Analytischen Psychologie hilfreiche Erkenntnisse zuwachsen und Sie für Ihren Weg der Selbst-Verwirklichung wertvolle Impulse erhalten.

Dieter Schnocks
Frühjahr 2020

Einleitung und Vorbemerkungen

Die Selbstverwirklichung ist Verruf geraten. Der Begriff wird heute inflationär verwendet und ist nahezu sinnentleert. Zeitschriften liefern simplifizierende 10-Punkte-Tipps, und der Job wird gekündigt, weil er kaum Möglichkeiten bietet, sich zu verwirklichen. Wir ahnen, dass es bei der Selbstverwirklichung noch um etwas mehr gehen muss. Die Analytische Psychologie C. G. Jungs bietet hier mit dem Konzept der Individuation einen fundierten und zeitgemäßen Ansatz, sich mit dem auseinanderzusetzen, was die Verwirklichung der eigenen Persönlichkeit auf einem individuellen Lebensweg ausmacht.

Individuation bildet meiner Ansicht nach das zentrale Konzept der Jung'schen Psychologie. Die Idee des Auf-dem-Wege-Seins zur Erweiterung des Bewusstseins hat mich schon als junger Mann fasziniert. Insbesondere die Einbeziehung der Irr- und Umwege, der Dunkel- und Tiefpunkte des Lebens in die Frage nach dem Sinn kann meines Erachtens Jungs Individuationskonzept zu einem zutiefst sinnstiftenden Helfer für unser Leben machen. Daher nun dieses Buch.

Es lädt Psychotherapeuten und auch jeden Interessierten ein, die spezifische Ideenwelt der Analytischen Psychologie kennenzulernen. Es führt in die Grundlagen und Konzepte der Analytischen Psychologie C. G. Jungs ein und liefert mit seinen »Acht Erkenntnisaufgaben« den direkten Transfer dieser theoretischen Grundlagen in die Praxis. Viele Beispiele aus meiner Erfahrung als Therapeut illustrieren die Theorie und bringen sie in unser Alltagserleben. So soll das vorliegende Buch nicht nur als therapeutisches Lehrbuch, sondern auch für die allgemeine Fortbildung in Sachen Individuation nützlich sein.

Die Leitlinie ist das Individuationskonzept C. G. Jungs. Die Idee der Individuation durchzieht sein gesamtes Werk. Man kann daher fast schon sagen: Wer sich mit der Analytischen Psychologie nach Jung befasst, hat Individuation im Sinn. Ziel der Jung'schen Psychologie und Therapie ist, die Individuationsprozesse zu fördern.

C. G. Jung hat mit seinem umfangreichen Gesamtwerk keinen systematischen Entwurf für eine Theorie hinterlassen. Er bekannte sich zu einer großen Vorsicht feststehenden theoretischen Systemen gegenüber. Er meinte, noch nicht genügend Erkenntnisse über die Psyche zu besitzen, um eine ausgefeilte Theorie anbieten zu können. Dennoch unternehme ich im ersten Teil dieses Buches den Versuch, die Ideenwelt C.G. Jungs in einer Art theoretischem Ansatz zu systematisieren. Dies soll dazu dienen, diese Ideen leichter vermitteln zu können. Jedem Leser sollte aber klar sein, dass mit der systematischen Darstellung zumeist eine Vereinfachung der komplexen Ideen einhergeht. Um diese Thematik weiter zu verdeutlichen, lohnt es sich, hier noch ein paar einleitende Bemerkungen zu Jungs Leben und Wirken zu machen.

C. G. Jung – Leben und Wirken

Die Person C.G. Jung (▶ Abb. 0) gilt zu Recht als umstritten. Seine Biografie ist ausgefallen, widersprüchlich und teilweise provozierend. Jung wirkte auf manche seiner Zeitgenossen arrogant, andere verehrten ihn als eine geniale und zutiefst menschenfreundliche Persönlichkeit. Seine Liebesaffären, seine Auseinandersetzung mit dem Nationalsozialismus, manche antisemitischen Äußerungen sowie sein angebliches »religiöses Ketzertum« ecken an (im Anhang finden Sie eine Zusammenstellung von Jung-Biografien und andere Literaturhinweise zum Weiterlesen).

Jung hat mit ungeheurem Eifer und Arbeitsaufwand sein Lebenswerk geschaffen. Mit Sicherheit war er ein besonders begabter, herausragender Mensch. Und es scheint so, als ob gerade dieses Leben der Extreme das Besondere hervorbringen konnte, das sein Werk ausmacht. So gilt Jung heute vielen als psychologisches Genie. In jedem Fall aber ist er Wegbereiter vieler moderner psychologischer Richtungen und auch einer Religionspsychologie, die den Gottsuchenden ein neues Verständnis und neue Wege aufzeigt (vgl. L. Müller in Müller, 2003, S. VI).

Wie sein Leben lässt sich auch Jungs Werk in keine einheitliche Form gießen. Die Widersprüchlichkeit scheint essenzielle Grundlage seines Schaffens zu sein. Oft gibt es in Jungs Schriften keine klaren Definitionen. Um dies – und generell die immer wieder auftretende scheinbare Unlogik oder Widersprüchlichkeit in der Argumentation Jungs – zu verstehen, ist es notwendig, sich einmal die typische Sprache und Argumentationsweise Jungs zu verdeutlichen.

Jung verstand sich zwar als Empiriker, jedoch nicht im positivistischen Sinne. Er lehnte eine strenge logische Beweisführung mit abgeleiteten Schlüssen ab, weil er wohl der Ansicht war, diese seien viel zu begrenzt, um einen Sachverhalt angemessen erfassen zu können.

C. G. Jung – Leben und Wirken

Abb. 0: Carl Gustav Jung (1875–1961) (© akg-images / Fototeca Gilardi)

Jungs eher *dialektische Methode* ist daher nicht logisch gradlinig, sondern als »symbolisch« zu verstehen. Der Inhalt wird umkreist und aus immer wieder leicht veränderten Blickwinkeln betrachtet. Somit entsteht (oft unbemerkt) eine weit größere Wahrheit, die umkreisend Vieles, auch Widersprüchliches, in sich aufgenommen hat.

Der Jung-Nachfolger John Freeman hat dies treffend so beschrieben:

»Jungs Argumente bewegen sich spiralförmig über ihrem Gegenstand aufwärts, wie ein Vogel, der über einem Baum kreist. Zunächst, in Bodennähe, sieht er nur ein Gewirr von Blättern und Zweigen. Wenn er aber allmählich höher steigt, bilden die immer wiederkehrenden Aspekte des Baumes ein Ganzes und verbinden sich mit ihrer Umgebung« (Freeman in Jung, 2009).

Diese *spiralförmige Vorgehensweise im Denken* und der Argumentation ist für manche sicherlich zunächst verwirrend. Dennoch gelingt es offensichtlich vielen, sich mit dieser Art des suchenden Denkens anzufreunden. Sie stellen bald fest, dass sie auf überzeugende Weise mitgezogen werden. Für die Lektüre und das Verständnis der Bücher C. G. Jungs ist es sicherlich hilfreich, sich diese spezielle Denk- und Vorgehensweise Jungs immer wieder zu vergegenwärtigen.

Die Frage, wo C.G. Jungs Analytische Psychologie als Wissenschaft heute steht, wird seit einigen Jahren intensiv diskutiert. Zu diesem Thema kann man sich sehr gut bei Christian Roesler (2010) kundig machen. Insbesondere die wichtige Frage, welche Forschungsansätze sinnvollerweise zur Überprüfung von Jungs intuitiv entwickelten Theorien und Hypothesen eingesetzt werden können, wird in Roeslers Buch kompetent bearbeitet. Er kommt zu dem Schluss, dass wesentliche Bereiche der Analytischen Psychologie empirisch gut bestätigt sind (Roesler, 2010).

Grundsätzlich lässt sich feststellen, dass die Lehre der Analytischen Psychologie C.G. Jungs einen großen tiefenpsychologischen Wissensschatz anbietet. Die psychologischen Konzepte können als Lebenshilfe an Schwellensituationen der Entwicklung sowie bei Lebenskrisen sehr hilfreich sein. Insbesondere als *Erwachsenenpsychologie für die zweite Lebenshälfte* bietet sie einen spezifischen Weg zum Ganzwerden und zur Selbstverwirklichung der menschlichen Existenz an. Anziehend ist für viele die Einbeziehung der gewichtigen »Sinnfrage«, der Frage nach dem Sinn des Lebens. Wichtig ist zu sehen, dass der Schwerpunkt der psychologischen Betrachtungen C.G. Jungs vorrangig bei der *Normalpsychologie* liegt, erst zweitrangig geht es um eine Lehre der Neurosen und deren Behandlung.

Entwicklung der Jung'schen Tiefenpsychologie

Der Terminus *Tiefenpsychologie* wurde von Eugen Bleuler, einem Lehrer Sigmund Freuds, eingeführt. Er geht davon aus, dass unter der Oberfläche des Bewusstseins ein seelisches Leben mit Tiefendimension vorhanden ist. Heute wissen wir aus den Forschungen der Hirnphysiologen, dass die vorbewussten und unbewussten Aktivitäten des seelischen Lebens eigentlicher Hintergrund der bewussten Ereignisse und Verhaltensweisen sind.

Lange Zeit wurde der Begriff »komplexe Psychologie« für die Jung'sche Psychologie verwendet. Insbesondere Toni Wolff, die 40 Jahre mit Jung zusammenarbeitete, führte diesen als Präsidentin des Psychologischen Clubs in Zürich ein. Auch im universitären Bereich wurde er bevorzugt, da er den theoretischen Aspekt der Lehre Jungs betont. Durchgesetzt hat sich schließlich, in Abgrenzung zur Freud'schen »Psychoanalyse«, der Begriff »Analytische Psychologie«. In ihm klingt mit dem Begriff »analytisch« der therapeutische Aspekt stärker an.

Die Psychoanalytiker, die sich schwerpunktartig an der Analytischen Psychologie C. G. Jungs orientieren, bilden eine relativ kleine Gruppe im Vergleich zu den Freudianern, die den Großteil der psychoanalytischen Psychotherapeuten in Deutschland stellen.

Aus den Anfängen der Schule C. G. Jungs in Zürich entstand eine weltweit organisierte *internationale Gesellschaft*, in der mittlerweile Jung-Institute aus ca. 40 Ländern weltweit organisiert sind. Wenn auch die Anzahl der Jungianer vergleichsweise klein ist, so ist doch der Einfluss auf das tiefenpsychologische Denken ganz allgemein nicht zu unterschätzen. Der Wissensschatz der Jung'schen Psychologie ist eben nicht nur in der tiefenpsychologischen Psychotherapie wirksam, sondern wird von vielen Menschen als Lebenshilfe und als Impulsgeber auf dem Individuationsweg in Anspruch genommen.

Zudem wirkt das Denken der Analytischen Psychologie in vielen kulturellen, gesellschaftlichen sowie wissenschaftlichen Zusammenhängen. Beispiele hierfür sind das Symbolverstehen in der bildenden Kunst, der Literatur und Musik sowie das Verständnis des Phänomens Religion. In verschiedenen Wissenschaften wirken Jungs Hypothesen anregend und herausfordernd. So zum Beispiel fordert Jungs Konzept der Synchronizität schon lange zum wissenschaftlichen Diskurs heraus.

Nach Jungs Tod hat sich in den vergangenen 50 Jahren die Analytische Psychologie stetig weiterentwickelt. In den 1980er Jahren werden von Andrew Samuels verschiedene Schulrichtungen beschrieben (vgl. Samuels, 1985). Die Konzepte Jungs fordern zu einer kontinuierlichen Weiterentwicklung heraus. Da es keine festgelegte, »reine« Lehre gibt, ist es meines Erachtens für jeden eine persönliche Herausforderung, die Konzepte zu verstehen bzw. sich auf den Weg zu machen, eine eigene Sichtweise zu entwickeln.

Mein persönlicher Zugang

Ich beschäftige mich seit mehr als 30 Jahren mit Jungs Ideen, und seit 20 Jahren versuche ich in Kursen für die deutschsprachigen Jung-Gesellschaften und an unseren Ausbildungsinstituten für Psychotherapeuten, die Auseinandersetzung mit den Konzepten und Methoden Jungs anzuregen. Mein Verständnis – und somit auch das vorliegende Buch – hat natürlich keinen Anspruch auf die »wahre Junglehre« und kann auch nicht annähernd die unglaublich große Vielfalt der von Jung bearbeiteten Themen, Ideen und Begrifflichkeiten behandeln. Es ist eine Auswahl, die sich auf das Herzstück Individuation bezieht.

Es mir eine große Freude, mit diesem Buch meine in vielen Jahren entstandene Sichtweise der theoretischen Konzepte und deren Anwendung für den ganz persönlichen Individuationsprozess einem größeren Publikum vorstellen zu können. Ja, es ist mir ein Herzensanliegen, die im Buch ausgeführten Ideen zum Verständnis der Psyche und deren zum großen Teil archetypischen Prozesse einem breiteren Publikum näherzubringen. Wichtig ist noch zu sehen, dass der Individuationsprozess im tieferen Sinne ein metaphysischer Vorgang ist. Dies jedoch darzustellen, bedeutete ein weiteres Buch. Ich bin überzeugt, dass C. G. Jungs Konzepte für jede Frau und jeden Mann (also nicht nur für Psychotherapeuten) eine Unterstützung auf dem Individuationsweg zu mehr Lebensweisheit und Lebensklugheit sein kann.

Danken möchte ich den vielen Teilnehmern meiner Seminare in den letzten 20 Jahren. Deren oft begeistertes Interesse hat mich immer wieder dazu gebracht, meine Sicht der theoretischen Konzepte zu klären und möglichst verständlich darzustellen. Herzlichen Dank auch an Despina Vradelis, die mir bei der Textgestaltung mit gutem Rat zur Seite stand.

Nicht zuletzt Dank an die Kollegen und Freunde, die mir Mut gemacht haben, auch dieses Buch als einen wichtigen Schritt auf meinem persönlichen Individuationsweg zu sehen.

Dieter Schnocks

Teil I

Die Konzepte der Analytischen Psychologie

> »Individuation bedeutet: Zum Einzelwesen werden, und, sofern
> wir unter Individualität unsere innerste, letzte und unvergleichbare
> Einzigartigkeit verstehen, zum eigenen Selbst werden. Man könnte
> Individuation darum auch mit Verselbstung oder
> Selbstverwirklichung übersetzen« (GW 7, § 266).

1

Das Individuationskonzept

1.1 Was bedeutet Individuation?

Die Analytische Psychologie verwendet den Begriff Individuation, um damit eine moderne Form der Selbstverwirklichung zu beschreiben. Man könnte also meinen, Selbstverwirklichung habe heutzutage ausgedient, sie wird durch einen moderneren Begriff ersetzt.

Jung setzt den wissenschaftlichen Begriff Individuation mit der umgangssprachlichen Selbstverwirklichung gleich. Aber gleichzeitig geht Individuation für ihn darüber hinaus.

Sein Konzept ist komplex: Auf der einen Seite versteht Jung unter Individuation ein Selbstwerden, Selbstentwickeln, Selbstentfalten der menschlichen Persönlichkeit im bewussten Aufnehmen möglichst vieler unbewusster und bewusster Anteile, die die Persönlichkeit konstituieren. Demnach wäre Individuation ein psychologisch fassbarer und erforschbarer Mechanismus der Psyche (vgl. Sauer in Müller, 2003, S. 194). Wie das im Einzelnen zu verstehen ist, wird im Verlauf dieses Buches noch deutlich werden.

Auf der anderen Seite handelt es sich laut Jung bei der Individuation auch um geheimnisvolle Vorgänge, die der psychologischen Forschung noch Rätsel aufgeben; um Lebensvorgänge, persönlichkeitsbildende Zentrierungsvorgänge im Unbewussten, die zwar wahrnehmbar sind, sich aber überwiegend symbolisch ausdrücken. Jung ist daher der Ansicht, dass ihnen mit dem rationalen Verstand nicht ganz beizukommen sei. Es ist wohl eher das Erlebnis«, so Jung, »welches in die Nähe des Verstehens führt« (GW 12, § 564).

> **Ein Definitionsversuch: Individuation**
> Der Begriff ist abgeleitet von Individuum, lat. das Ungeteilte, das Einzelwesen. C.G. Jung benutzt den Terminus Individuation, ein zentrales Konzept seiner Tiefenpsychologie, seit 1910. Individuation bezeichnet den Prozess der Selbstverwirklichung, der Entfaltung der Persönlichkeit, den Weg hin zum Einzelwesen. Unterscheiden kann man den normalen und den durch eine analytische Psychotherapie besonders geförderten Individuationsprozess.
>
> Der Begriff Individuation wird von anderen psychologischen Richtungen durchaus abweichend verstanden. Der psychoanalytische Ich-Psychologe Erik H. Erikson beispielsweise definiert Individuation als Identitätsentwicklung aus der Abfolge psychosozialer Krisen des Lebens (vgl. Erikson, 1980).
>
> Die psychoanalytische Konzeption der Freudnachfolgerin Margret Mahler spricht von einer Individuationsphase in der frühen Kindheit, in der Entwicklung in der Dynamik von Nähe und Distanz in der Mutter-Kindbeziehung entsteht (vgl. Mahler, 1972).

1.1.1 »Erkenne dich selbst« und »Werde, der du bist«

Individuation ist also der moderne Begriff für etwas, das seit jeher die Menschen beschäftigt. So findet Jung für sein Individuationskonzept Anregungen bereits in der griechischen Philosophie. Die Aufforderungen der alten Griechen »Erkenne dich selbst« und »Werde, der du bist« lassen sich als zentrale Grundlage einer modernen Vorstellung von Selbstverwirklichung verstehen.

Als humanistisch Gebildeter seiner Zeit war C.G. Jung nicht nur bewandert im Wissen der Antike. Er richtete in seinem ganzen schöpferischen Leben sein Augenmerk auf das alte Wissen der Menschheit, weil er hier einen unermesslichen Erfahrungsschatz an tiefer, allzeit gültiger Weisheit entdecken konnte.

> **Die Lebensweisheit der Griechen**
> »Erkenne dich selbst« prangte der Überlieferung zufolge als Mahnung für die Eintretenden über dem Eingang des Orakeltempels von Delphi. Dies ist aus schriftlicher Überlieferung bekannt. Platon beispielsweise lässt in *Phaidros* und im *Symposion* den Philosophen Sokrates über die Bedeutung dieser Inschrift referieren. In der Antike waren es noch die Götter, die die Menschen zur Auseinandersetzung mit sich selbst aufriefen. Auch, um sie zur Einsicht ihrer eigenen Nichtigkeit gegenüber dem Göttlichen zu bringen.
> »Werde, der du bist« – dieses Zitat stammt vom griechischen Dichter Pindar (ca. 522 bis ca. 445 v. Chr.), aus seiner zweiten pythischen Ode (Pyt II, 72). Bei Aristoteles finden wir dazu: »Gut ist es für den Menschen, sich so sehr wie möglich zu verwirklichen und zur Vollendung zu bringen, was er vom Wesen her ist.«

- **Erkenne dich selbst** bedeutet für das Individuationskonzept C. G. Jungs den Aufruf zur Selbsterkenntnis im Sinne von: »Reflektiere dich selbst und erkenne auch die Wirkungen, die dir aus dem kollektiven Unbewussten, dem archetypischen Bereich, entgegenkommen.« Idealziel wäre ein Mensch, der sich weitgehend selbst erkennt, der sich auf wunderbare Weise reflektiert und mit absoluter Sicherheit weiß: »Das bin ich.«
- **Werde, der du bist** bedeutet in der Jung'schen Denkweise zuerst einmal den Aufruf, sich zu entschließen, den Weg der Individuation zu beschreiten. Die Erfüllung der Aufforderung, zu dem zu werden, der man ist, bedeutet aus tiefenpsychologischer Sicht, möglichst viel von dem, was an Unbewusstem in mir wirksam und lebendig ist, dem Bewusstsein anzuschließen. Daraus gilt es dann Schlüsse für mein Leben zu ziehen. Was kann ich für meine Individuation tun? Welchen Beitrag muss ich bewusst leisten, welche Aufgaben erfüllen, um meine Individuation zu fördern?

1.1.2 »Werde ganz, der du bist«

Wer sich selbst verwirklichen will, muss also zunächst versuchen, sich so weit wie möglich selbst ganzheitlich zu erkennen. Dies mit dem Ziel, zu mehr Übereinstimmung mit sich selbst zu kommen. Man könnte mit Jung also – in Abwandlung der zuvor genannten Imperative – als Individuationsaufgabe formulieren: »Werde ganz, der du bist.«

Ganzheit bedeutet hier nicht Vollkommenheit, sondern eine Ganzwerdung im Sinne von Vollständigkeit, bei der viele Anteile und Gegensätze der Persönlichkeit miteinander verbunden sind. Vollständig-Sein ist aber nicht nur ein »Weise-Sein« mit entsprechendem Wohlgefühl. Denn auch die dunklen oder »eigenartigen« Teile der Persönlichkeit gehören dazu, um das Ganze vollständig zu machen. Eine besondere Individuationsherausforderung. Denn diese Teile bleiben oft auch nach deren grundsätzlicher Akzeptanz schwer zu ertragen. Grundsätzlich könnte man sagen, dass die Tiefenpsychologie C. G. Jungs eine Erwachsenenpsychologie ist, die einen spezifischen Weg zum Ganzwerden und zur Selbstverwirklichung der menschlichen Existenz anbietet.

Man könnte sagen, dass die Ganzheit ein Modell der Bezogenheit der psychischen Systeme und Funktionen aufeinander ist. Dabei gibt es eine starke Tendenz einen Zustand von Vollständigkeit zu erreichen. Hinter diesem Prozess vermutet die Analytische Psychologie einen steuernden Archetypus der Ganzheit, das Selbst.

Die Analytische Psychologie geht davon aus, dass die menschliche Psyche einen ganz speziellen Aufbau besitzt (▶ Abb. 2.1, *Anschauungsmodell der Psyche*)

Innerhalb der Psyche wirken die verschiedenen Einheiten zusammen. Ein wichtiger Motor für die Individuation ist hier vor allem das »Selbst«. An dieser Stelle soll nur kurz auf diesen wichtigen Teil der psychischen Struktur eingegangen werden. Im folgenden Kapitel (▶ Kap. 1.2) findet sich dazu mehr.

Das *Selbst* ist *die* entscheidende Instanz beim Individuationsprozess. Alle tiefer gehenden Impulse für die Individuation sowie die Gottesbilder entstehen aus dieser Schicht der Psyche.

C. G. Jung sieht das Selbst als ein wegweisendes Prinzip, das unsere Entwicklung bewirkt. Als eine Art *Trieb zur Selbstwerdung* ist es das eigentliche Agens des gesamten Entwicklungsprozesses, der Motor und Regulator der Individuation. Als apriorisches Gestaltungsprinzip steuert das Selbst auch den Aufbau der Ich-Instanz. Zudem ist es Ursache für die Selbstregulierung der Psyche. Einseitigkeiten der Persönlichkeit werden durch Impulse des Selbst kompensiert. Die Integrität der Gesamtstruktur der Persönlichkeit wird durch Ausgleichen der Einseitigkeiten reguliert.

Ganzheit ist das angestrebte Ziel des Individuationsprozesses. Dies wirklich zu erreichen – wirklich ganz zu werden, der man ist –, dürfte jedoch für die meisten eine Utopie bleiben. Darum ist es vielleicht menschlicher zu wünschen: *Werde mehr ganz, als du es jetzt bist.* Jung schrieb an seinen schwerkranken Schwager Rudolf:

> »Schließlich bleibt ja jeder einmal irgendwo stecken, denn wir sind alle sterblich und bleiben ein Teil dessen, was wir als Ganzes sind. Die Ganzheit, die wir erreichen können, ist sehr relativ« (*Briefe III*, S. 24).

1.2 Wie geschieht Individuation?

1.2.1 Der drängende schöpferische Impuls

Jung spricht von einem »Trieb zur Selbstverwirklichung«, was nicht heißen soll, dass er ihn den biologischen Primärtrieben gleichstellt. Er will damit die aus dem Inneren kommende unumstößliche dynamische Gewalt des Individuationsprozesses beschreiben. Dieser *Drang zur Individuation* entsteht aus dem Unbewussten. Es bedarf nicht unbedingt eines Anstoßes von außen (z. B. von großen Lehrern oder den Religionen).

Den Drang zur Selbstverwirklichung kann man sich als ein Aufsteigen von schöpferischen Impulsen vorstellen. Konkret sind es Emotionen, die aus dem Unbewussten hochsteigen und dann in Träumen, Phantasien oder Imaginationen als Bilder zutage treten. Diese kreativen Impulse gestalten, so Jung in den Zarathustra-Seminaren, die Persönlichkeit des Menschen.

Es stellt sich nun die Frage: Wie bewusst geht dieser Gestaltungsprozess vonstatten? Hier zeigt sich nun das für Jung so typische Denken, in dem vermeintlich widersprüchliche Sichtweisen sich zu einer ganzheitlichen Ansicht ergänzen. Zwar sieht er Individuation zunächst als einen spontanen, autonomen und unbewussten Prozess. Dieser bedarf aber der Bewusstmachung und Gestaltung der Prozessimpulse, um zur bewussten Verwirklichung der eigenen Aufgaben zu führen.

Einerseits: »Nicht ich schaffe mich selbst, ich geschehe mir selbst« (GW 11, § 391), so Jung. Das heißt, die Impulse zur Individuation (in Form von auftauchenden Bilder und Phantasien) kommen aus dem Unbewussten. Sie drängen sich sozusagen von innen her dem Ich-Bewusstsein auf. So ist Individuation zwar ein autonomer Prozess, der aber drängt zielgerichtet auf Bewusstheit hin.

Andererseits: Wird der Erkenntnisprozess bejaht, gibt es ein Entgegenkommen des Ichs. Die auftauchenden Impulse und Inhalte müssen bewusst wahrgenommen und möglichst auch gestaltet werden. Individuation ist somit bewusste Gestaltung des Lebens. Es geht um das Erkennen der inneren Impulse und das Gestalten des Erkannten. Jedenfalls wird der Effekt der Individuation durch die bewusste Umsetzung der Individuationsimpulse gesteigert.

Dabei ist Jung der Ansicht, dass jeder frei entscheiden kann, ob er seinen Weg der Individuation bewusst annimmt. Das Annehmen und der bewusste Umgang mit dem Individuationsprozess können jedoch ganz wesentlich dazu beitragen, nicht ständig sinnlose Leiden ertragen zu müssen. Deshalb empfiehlt Jung jedem, den Weg der Individuation bewusst zu beschreiten.

In jedem nun, der sich intensiv seinem Leben zuwendet, entsteht von ganz allein – aus dem Unbewussten ins Bewusstsein vordringend – der Drang: »Werde, der du bist! Beschreite deinen Individuationsweg – hin zur Ganzwerdung!« Individuation ist ein lebenslanger Prozess. Ein Weg ununterbrochener Wandlung, der dem Leben Sinn und Fülle verleiht und der für gläubige Menschen selbst mit dem Tod nicht endet.

1.2.2 Individuation als Bewusstseinsprozess

Man sollte sich selbst als eine wichtige Aufgabe also sehr ernst nehmen. Inhalte, die erfahren werden, können zu einer kontinuierlichen Auseinandersetzung zwischen Innen- und der Außenwelt führen und so die Entwicklung auf dem Individuationsweg wirksam fördern.

Konkret bedeutet das einen lebenslangen Bewusstseinsprozess, eine Auseinandersetzung zwischen den andrängenden Innenbildern und den gegebenen Außenweltfaktoren. In der Welt »draußen« spielen dabei die menschlichen Beziehungen eine wichtige Rolle.

Der Jung-Schüler Erich Neumann spricht von einem »Bewusstseinsvektor«, der ausgehend von unserem kollektiven Unbewussten immer auf Bewusstwerdung innerhalb der Individuation hindrängt (vgl. Neumann, 1992, S. 76). Bewusstmachung ist die große Aufgabe für den fruchtbaren Umgang mit den persönlichen Individuationsanforderungen.

Das bedeutet für das Selbstwerden, Selbstentwickeln und Selbstentfalten der eigenen Persönlichkeit zuerst einmal: *Differenzierung* der bisher undifferenziert gebliebenen Aspekte des Selbst. Und schließlich: *Integration* oder Assimilierung dieser erkannten seelischen Ressourcen in das Leben. Ein menschlicher Reifungsprozess, der einen Schritt weiter zur Ganzheitlichkeit führt.

> **C. G. Jung definiert Bewusstsein**
> »Unter Bewusstsein verstehe ich die Bezogenheit psychischer Inhalte auf das Ich, soweit sie als solche vom Ich empfunden wird« (GW 6, § 758).
> Über die Bedeutung sagt er: »Menschliches Bewusstsein erst hat objektives Sein und den Sinn geschaffen, und dadurch hat der Mensch seine im großen Seinsprozess unerlässliche Stellung gefunden« (*Erinnerungen*, S. 259).

1.2.3 Differenzierung – Was ist das Besondere an mir?

Zum Individuum werden heißt, sich durch die Prozesse der Selbsterkenntnis auszudifferenzieren. Dabei muss die eigene Besonderheit und Einzigartigkeit im Wesentlichen angenommen werden, was auch bedeutet, die mit den Möglichkeiten verbundenen Schwierigkeiten zu akzeptieren.

> **Differenzierung**
> Der Begriff bedeutet Unterscheidung und Abweichung. Unterschiede werden entwickelt, indem sich eine ursprüngliche Einheit und Ganzheit in Teilaspekte aufgliedert, die sich dann wieder zu einem komplexeren System zusammenfügt (= Integration). Differenzierung ist damit ein erster Schritt zur Erzeugung von Neuartigkeit und Vielgestaltigkeit.
> Tiefenpsychologisch gesehen findet ein Differenzierungsprozess bei jeder Selbsterfahrung, bei der Identitätsfindung und bei kreativen Prozessen statt. Auch die Individuation kann als ein fortwährender Differenzierungsprozess angesehen werden, währenddessen Unbewusstes bewusst, Undifferenziertes differenziert wird. Dabei kann der Grad der Differenziertheit einer Persönlichkeit auch als Grad ihrer Bewusstheit angesehen werden.

Im Individuationsprozess ist das Annehmen von sich selbst, samt den eigenen Möglichkeiten und Schwierigkeiten, ein wichtiger Schritt. Hierbei spielt natürlich das Erkennen des eigenen *Schattens* eine große Rolle (▶ Kap. 2.3.1, *Das persönliche Unbewusste*).

Zudem hat ein solches »Sich-Annehmen« viel zu tun mit einem psychischen »Geschehen-Lassen«. Denn nicht immer lasse sich alles auflösen, auch ein, so Jung, »Überwachsen« wichtiger Themen könne zur Reifung führen. Jung stellt fest, »dass die größten und wichtigsten Lebensprobleme im Grunde genommen alle unlösbar sind. Sie müssen es auch sein. Denn sie drücken die notwendigen Polaritäten, welche jedem selbstregulierenden System immanent sind, aus. Sie können nie gelöst, sondern nur überwachsen werden« (GW 13, § 18).

Das Werden zu dem, der man ist, bedeutet nicht, eine »wohltemperierte« Person zu werden, die keine Probleme mehr hat. Sondern ein Mensch zu sein, der die Eigenarten und Unzulänglichkeiten seiner Persönlichkeit bewusst wahrnimmt. Auch, wenn so ein Mensch für andere nicht immer »bequem« ist.

Differenzierung bedeutet auch Abgrenzung und Loslösung von inneren Gebundenheiten (beispielsweise an *Komplexe* wie den Eltern- oder Geschwisterkomplex), um zu mehr Selbstbestimmung zu gelangen. Zudem sind es die archetypischen Wirkungen, für die man wach werden sollte. Es sind immer wieder *archetypische Bilder*, die auftauchen und sehr beeindrucken (▶ Kap. 2.3.2, *Das kollektive Unbewusste*). Auch hier sind die Bewusstwerdung und ein Differenzierungsprozess des Erfahrenen für die Entwicklung der Persönlichkeit von großem Gewinn. Nicht zuletzt ist es aber der Prozess einer Zentrierung zu einer eigenen Mitte hin, die nicht selten auch eine bewusste Erfahrung des *Selbst* bedeutet. Ein wichtiger Aspekt ist, dass eine differenzierende Selbstwerdung auch mehr Autonomie gegenüber kollektiven Maßstäben wie Normen, Werten und Rollenerwartungen in einer Gesellschaft schafft. Die Auseinandersetzung mit den *kollektiven Bewusstseinsinhalten* bedeutet ein Mündigwerden, ein Mehr an Selbstständigkeit sowie das Entwickeln eigener, selbst erarbeiteter Maßstäbe. Jedenfalls bedeutet Differenzierung oft eine konflikthafte Klärung dessen, wie man sein will.

1.2.4 Integration – Was gehört zu mir?

Immer mehr eigene Anteile gilt es auf dem Individuationsweg zu integrieren. Dazu müssen diese inneren Möglichkeiten und Aspekte erst einmal erkannt werden. Dies bedeutet einen intensiven Dialog mit der eigenen *Innenwelt*. Denn im Inneren der Seele zeigen sich immer wieder Potentiale, persönlicher Reichtum und ganz eigene Besonderheiten von Lebensmöglichkeiten.

> **Integration**
> Der Begriff (lat. integratio = Einbeziehung, Vervollständigung) bedeutet allgemein die Herstellung einer Einheit, die Eingliederung in ein größeres Ganzes.
> In der Analytischen Psychologie bezieht sich Integration, die von Jung als eine Hauptoperation der Psyche bezeichnet wird, meist auf die bewusst gewordenen, also vorher unbewussten Persönlichkeitsaspekte und -inhalte. Diese Inhalte sollen möglichst ganzheitlich verstanden, erlebt, gestaltet und vom bewussten Ich assimiliert werden, damit sie einen Teil ihrer Fremdheit verlieren. Integration sorgt für Stabilität, Zusammenhalt und schöpferisches Zusammenspiel der einzelnen Teilelemente der Psyche. Die Integrationsvorgänge sind somit Aufgaben innerhalb der Individuation.
> Gelingt Integration nicht, so entsteht innere Entzweiung, was nach Jungs Auffassung eine der wesentlichen Ursachen für psychische Störungen ist.

Aber auch *von außen* kommen mit dem gelebten Leben viele Anregungen, die als passende Impulse für die eigene Entwicklung verstanden werden wollen. Wenn meine Aufmerksamkeit von Erlebnissen angezogen wird, kann ich die innere Resonanz ernst nehmen. Ich kann erkennen, was diese erlebte Thematik von mir will.

Natürlich sind es auch die Verquickungen mit den Mitmenschen, aus denen ich Informationen über die eigenen psychischen Anteile, die in die Beziehungen hineinspielen, bekomme. Per *Projektion* gehen immer wieder psychische Inhalte von meinem Inneren hin zu anderen Menschen, bevorzugt zu Fremden. Mein mir Fremdes erfahre ich so bei Anderen. Das Erkennen dieser Projektionsprozesse bringt viel Zuwachs an Wissen über mein noch nicht gelebtes Leben.

Es geht also darum, dass die Erkenntnisse aus diesem Dialog mit der Innenwelt und den Erfahrungen, die durch die Außenwelt ausgelöst werden, in das eigene Selbstbild integriert werden. So soll möglichst viel von dem, was an Unbewusstem in uns persönlich und archetypisch als Mitglied des Kollektivs der Menschheit wirksam und lebendig ist, dem eigenen Bewusstsein angeschlossen werden.

1.2.5 Beziehungsfähigkeit: Bezogen sein auf das Du

Individuation ist aber keine »individualistische Nabelschau« (Sauer in Müller, 2003, S. 195), sondern kann nur im Austausch mit und in Bezogenheit auf andere stattfinden. Nur in mitmenschlichen Beziehungen kann eine Differenzierung der Persönlichkeit erfahren und ein Mensch als weitgehend individuierte Persönlichkeit wahrgenommen werden. Es ist außerordentlich wichtig, die archetypische Dimension von sozialer Beziehung zu spüren. Der Gedanke, mit unseren Mitmenschen im gleichen Boot zu sitzen, ist ein wesentliches und tiefgreifendes Gefühl der Verbundenheit mit allen anderen.

Als sich individuierende Personen streben wir automatisch einem Gegenüber, dem Du zu. Denn, so Jung »die Beziehung zum Selbst ist zugleich die Beziehung zum Mitmenschen, und keiner hat einen Zusammenhang mit diesem, er habe ihn denn zuvor mit sich selbst« (GW 16, § 445).

Individuation ist demnach keine egozentrische Veranstaltung, bei der es nur um die Entwicklung von möglichst viel Autonomie geht. Sondern im gleichen Maße, wie die eigene Persönlichkeit entdeckt und entfaltet wird, wird auch der Andere in seiner Einzigartigkeit wahrgenommen. Und mehr sogar: Erst durch das Erkennen der eigenen persönlichen Differenziertheit ist das Erkennen einer anderen Persönlichkeit in ihrer Nuanciertheit überhaupt möglich. Und umgekehrt. Da nach Jung allen Menschen ein gemeinsames Unbewusstes, das kollektive Unbewusste, zu eigen ist, führe, so Jung, die Selbsterkenntnis auch zur Einsicht in die Einheit mit der gesamten Menschheit.

Individuation besitzt demnach eine soziale Dimension: Wer sich individuiert, tut es nicht allein für sich, sondern um seine Beziehungsfähigkeit zu entwickeln, und letztlich ist dies dann auch ein Beitrag für die gesamte Gesellschaft.

1.2.6 Entwicklungsaufgaben in einzelnen Lebensphasen mit unterschiedlichen Herausforderungen

Individuation prägt sich im Konzept der Analytischen Psychologie in zwei großen Lebenshälften in besonderer Form aus. Als Lebensmitte kann man, bei einer angenommenen Lebenserwartung von 80 Jahren, die Zeit zwischen dem 35. und 45. Lebensjahr ansehen.

Dabei bringt Individuation in den verschiedenen Lebensphasen ganz spezifische und oft neue Aufgaben mit sich und drückt sich auf ganz besondere Weise aus. Die dazu notwendigen fördernden Impulse an das bewusste Ich kommen aus der Selbstorganisation des Selbst.

- **In der ersten Lebenshälfte** bedeuten Differenzierung und Integration der Impulse von innen und außen die Entwicklung zum erwachsenen Menschen. Es geht um das Vorantreiben der Entwicklung um fast jeden Preis – sogar um den der Abspaltung und Unbewusstlassung wichtiger Selbstanteile. Ziel der ersten großen Etappe der Individuation, die im Idealfall in der Lebensmitte abgeschlossen ist, ist es, eine autonome, eigenverantwortliche und selbstbewusste Persönlichkeit zu entwickeln.
- **Erst in der zweiten Lebenshälfte** kommen dann mehr die Aspekte einer bewussten Individuation zum Tragen. »Erkenne Dich Selbst! Werde, der Du bist! Werde (soweit es geht) ganz, der Du bist!« Diese Differenzierungs- und Integrationsaufgaben treten an uns heran und wollen wahrgenommen werden (vgl. Dorst, 2007, S. 46ff). Nun geht es umgekehrt darum, sich den unbewusst gebliebenen Selbstanteilen zuzuwenden, sich ihnen auszusetzen und sich von ihnen erweitern und relativieren zu lassen. Im günstigen Fall steht die zweite Lebenshälfte zunehmend unter dem Thema der Reifung und Vollendung und damit unter der Dominanz des Archetyps der Ganzheit des Selbst (L. Müller in Müller, 2003, S. 199). In diesem Zusammenhang spielt für viele Menschen die Auseinandersetzung mit dem Sinn des Lebens und der Spiritualität oder den Glaubensfragen eine große Rolle. Diese Fragen sind meist Begleiter auf den Wegen hin zu innerer Ausgeglichenheit und Weisheit.

Am Ende des Lebens geht es oft um eine Abrundung des Lebensprozesses. Viele alte Menschen, die an das Lebensende denken, wollen gern noch einmal das Leben mit seinen verschiedenen Phasen, den Höhen und Tiefen sowie den besonderen Ereignissen am inneren Auge vorbeiziehen lassen und reflektieren, was besondere Bedeutung hatte. Damit kommt eine Einordnung der verschiedenen Aspekte des Lebensschicksals zustande. Für dieses Gesprächsbedürfnis der alten Menschen sind die psychologische Beratung und die Psychotherapie offener geworden.

> »Man kann nicht ein mythologisches Motiv entdecken, man kann nur ein persönliches Motiv entdecken, und das erscheint nie in Form einer Theorie, sondern als lebendige Gegebenheit eines menschlichen Lebens. Man kann daraus eine Theorie ableiten, eine Freudsche oder Adlersche oder sonst eine. Sie können sich über die Gegebenheiten der Welt ausdenken, was Ihnen beliebt, und schließlich wird es so viele Theorien geben als Köpfe, die darüber nachdenken« (GW 18/1, § 122).

2

Die Konzepte vom Aufbau der Psyche

Innerseelische Vorgänge – auch solche, die für die Individuation eine wichtige Rolle spielen – versucht die Analytische Psychologie nachvollziehbar zu machen, indem sie einen bestimmten komplexen Aufbau der menschlichen Psyche annimmt.

Um einen ersten einfachen Überblick über die Modellvorstellungen der Analytischen Psychologie C.G. Jungs bezüglich der Struktur und den Inhalten des psychischen Organismus und seiner Inhalte zu geben, möchte ich mein Lehrdiagramm vorstellen (▶ Abb. 2.1). Dieses *Anschauungsmodell der Psyche* entstand auf der Grundlage eines sehr differenzierten Diagramms von Ursula Eschenbach (vgl. Eschenbach, 1996, S. 1).

Ein solches Modell der Psyche bzw. ein Diagramm ist natürlich eine Hilfskonstruktion. Es versucht, die Vielschichtigkeit und die unterschiedlichen Aspekte der menschlichen Psyche in einer Zeichnung vereinfacht und veranschaulichend darzustellen. Aber es hilft, grundlegende Vorstellungen einer bestimmten Betrachtungsweise nachvollziehbar darzulegen. Jung sagt dazu: »Ein Modell sagt nicht, es sei so, sondern es veranschaulicht nur einen bestimmten Betrachtungsmodus« (GW 8, § 381).

C. G. Jung veranschaulichte in seinem Artikel *Die Struktur und Dynamik des Selbst* (GW 9/2, § 447 ff) mit Diagrammen seine Gedanken und Modellvorstellungen zum Thema »Selbst«. Ein Diagramm seines gesamten Persönlichkeitsmodells entwickelte er persönlich dagegen nicht.

Seine Schülerin Jolande Jacobi versuchte aber in einer von Jung autorisierten *Einführung in die Psychologie C. G. Jungs* (Jacobi, 1971) mit 19 Diagrammen, die Ideen und Vorstellungen der Analytischen Psychologie im Hinblick auf die Psyche darzustellen. Meist in Kreisen oder Kugelformen werden z. B. die Funktionen des Ich-Bewusstseins und die Struktur des Unbewussten zeichnerisch verdeutlicht. Jacobi warnt ihre Leser davor, die Schemata, die sie als Hilfskonstruktionen bezeichnet, buchstäblich zu nehmen. Sie seien nur ein unzulänglicher Versuch, sehr komplizierte theoretische Verhältnisse in vereinfachter und anschaulicher Form dem Verständnis der Leser näherzubringen.

Das hier von mir zur Veranschaulichung benutzte Diagramm versucht, das Persönlichkeitsmodell der Analytischen Psychologie bzw. den Aufbau der Psyche in Schichten darzustellen.

- Die untere Schicht bildet das kollektive Unbewusste mit den Archetypen und dem Selbst.
- Die mittlere Schicht das persönliche Unbewusste mit den Komplexen und Schatten.
- In der oberen Schicht befindet sich das Ich-Bewusstsein mit seinen Orientierungsfunktionen.

Diese Schichten der Persönlichkeitstheorie kann man sich als aufeinander aufbauend vorstellen, wobei natürlich die Fülle der psychischen Strukturdynamik miteinander in Beziehung steht und sich untereinander ergänzt und beeinflusst. Psyche ist ein hochdynamisches Geschehen, bei dem alle Schichten und Persönlichkeitsaspekte miteinander verbunden sind und wie in einem Netzwerk miteinander kommunizieren.[1]

---

1 Es gibt weitere Versuche die Psyche in Diagrammen darzustellen. Lutz Müller hat ein Pentalon-System entworfen, wo er die wesentlichen archetypischen Aspekte der Analytischen Psychologie in einem Mandala-Modell darstellt. Seine Grundprinzipien der Psyche sind: Bios, Logos, Eros und Heros. Diese verbindet er in einem Schema mit den vier Orientierungsfunktionen des Bewusstseins (Müller & Müller 2003). Erich Neumann hat in seinem Buch »Die große Mutter« (1956) mit Diagrammen versucht, seine Vorstellungen über die Struktur des »Matriarchalen Archetyps« darzulegen. Hier handelt es sich aber um einen Teilaspekt des kollektiven Unbewussten und nicht um den Versuch einer Gesamtdarstellung der Struktur der Psyche.

DAS KOLLEKTIVE BEWUSSTSEIN

PERSÖNLICHES UNBEWUSSTES
Komplexfelder mit biographischen Engrammen

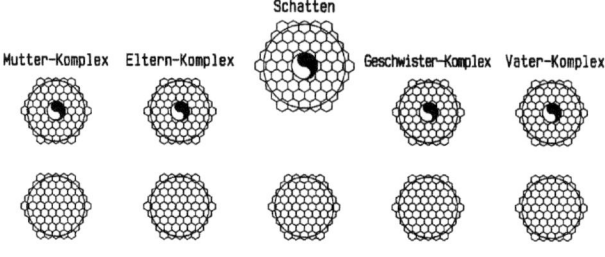

KOLLEKTIVES UNBEWUSSTES
Archetypische Wirkfelder

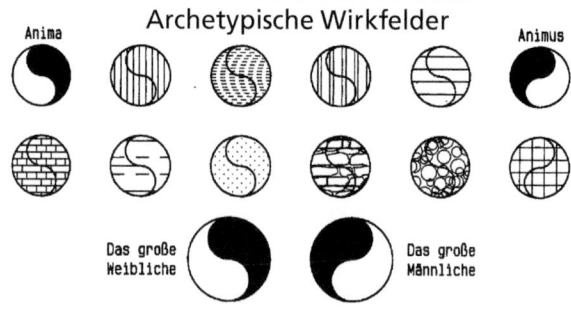

SELBST-SEIN

Abb. 2.1: Anschauungsmodell der Psyche von Dieter Schnocks

Im Laufe des Lebens entwickelt sich die Psyche des Menschen. Hierzu gibt es die Forschungen und verschiedene Modelle der Entwicklungspsychologie. Die Tiefenpsychologie C. G. Jungs geht von einem Entwicklungsprozess aus, der insbesondere von der Schicht des kollektiven Unbewussten initiiert wird. Die angeborene Schicht der Archetypen mit dem Zentralarchetyp des Selbst schiebt die Entwicklung des Menschen an. Die Inhalte des Persönlichen Unbewussten entstehen im Laufe des Lebens, und auch das Ich-Bewusstsein befindet sich lebenslang in einem Prozess der Veränderung (Neumann, 2004, S. 282).

Es sind natürlich auch die Inhalte der einzelnen Schichten der Persönlichkeit, die, sozusagen als der seelische Stoff der Lebensdynamik, im Individuationsprozess den Schicksalsweg mitbestimmen. Alle Schichten der Persönlichkeit kann man sich zusammenwirkend vorstellen. Individuation ist dann das individuelle Werk eines gelebten Lebens, in dessen Verlauf möglichst viel Bewusstmachung der individuellen Inhalte aus den Schichten der eigenen Persönlichkeit möglich sein sollte. Für den einzelnen Menschen können dann die erkannten Inhalte seiner verschiedenen Persönlichkeitsschichten in der Selbstentfaltung und dem Selbstwerden wirksam werden.

Im Folgenden möchte ich Ihnen mein *Anschauungsmodell der Psyche* vorstellen (▶ Abb. 2.1). Die einzelnen Elemente und Strukturen mit ihren Funktionen werden an dieser Stelle nur kurz vorgestellt. Eine vertiefende Darstellung der einzelnen Persönlichkeitsschichten findet im zweiten Teil des Buches anhand der Erkenntnisaufgaben statt, die sich aus dem Wissen um diese Schichten der Psyche ergeben.

> **Legende zum Anschauungsmodell der Psyche**
> **Schicht 1**
> Mit *kollektivem Bewusstsein* ist die Gesamtheit des bewussten oder bewusstseinsfähigen Wissens der menschlichen Gesellschaft gemeint, das den Einzelnen umgibt und prägt.
>
> Das *Ich-Bewusstsein* stellt nur einen kleinen Teil der Gesamtpsyche dar. Bewusstsein ist also keinesfalls identisch mit »Psyche«. Es leistet die wache Orientierung, die Wahrnehmung und die Willensakte. In dieser Bewusstseinsschicht sind, so Jung, zwei Einstellungsfunktionen (Extraversion und Introversion) und vier Orientierungsfunktionen (Empfinden, Intuition, Fühlen und Denken) wirksam. Dann folgen die Schichten des Unbewussten, die den Gegenpol zum Ich-Bewusstsein bilden. Sie umfassen alles, was vom Ich nicht bewusst erlebt wird und doch hochwirksam ist. Unterschieden wird persönliches und kollektives Unbewusstes.

Schicht 2

Das persönliche Unbewusste ist das, was bei Freud das Vorbewusste, das Vergessene, das Verdrängte, das unterschwellig Wahrgenommene und das Abgesunkene ist. Hier sind die Inhalte des Schattens und die biographischen Engramme der Komplexe gespeichert. Bei jedem Menschen kann man sich die Komplexfelder Mutter, Vater, Eltern und Geschwister vorstellen. Die Schicht des persönlichen Unbewussten ist wesentlich beteiligt bei der Ausprägung vielfältiger Aspekte der Persönlichkeit.

Schicht 3

Das kollektive Unbewusste (eine Entdeckung C. G. Jungs) ist die in jedem vorhandene, allgemeine seelische Grundlage überpersönlicher Natur. In ihm schlagen sich die typischen Reaktionsweisen aller Menschen seit den Anfängen der Menschheit nieder. Es ist auch als der »Mutterboden allen Bewusstseins« anzusehen.

Im kollektiven Unbewussten befindet sich nach Jung der Sitz der Archetypen, die die Basis unseres Menschseins darstellen. Wichtige archetypische Wirkfelder sind z. B. »Das große Weibliche und das große Männliche« sowie »Animus und Anima«.

Schicht 4

Selbstsein: Der zentrale Archetyp ist das Selbst, die übergeordnete Instanz im seelischen Geschehen, die als eine Art »Spiritus rector« die wesentlichen Impulse für den Weg der Individuation gibt. Man kann sich diese Schicht des Selbst als die gesamte Psyche – Bewusstsein und Unbewusstes – umfassend vorstellen.

(Der angedeutete Kreis im Diagramm könnte somit auch die Gesamtpsyche darstellen.)

2.1 Das kollektive Bewusstsein

Mit diesem Begriff ist die Gesamtheit des bewussten oder bewusstseinsfähigen Wissens gemeint. Traditionen, Konventionen, Sitten, Ideale, Werte, Regeln, Normen, Überzeugungen und Vorurteile, an denen sich eine menschliche Kollektivität orientiert. Zum kollektiven Bewusstsein gehören ebenfalls die durch Sprache, Schrift und andere Medien vermittelten Vorstellungen der Wissenschaft, Religion, Ethik, Moral und Kultur, auch das, was Geschichts- und Gesellschaftswissenschaft als Völkergedächtnis bezeichnen, sowie der Zeitgeist mit den jeweiligen Trends und Modeerscheinungen.

Freuds Begriff des Über-Ichs, worin sich die internalisierten Normen, Gebote und Verbote befinden, deckt sich zum Teil mit Jungs kollektivem Bewusstsein. Hier sind jedoch die jeweiligen aktuellen Einflüsse mit eingeschlossen.

Am Anfang des Lebens ist der Mensch weitgehend eingebettet in das kollektive Bewusstsein der Gemeinschaft, in die er hineingeboren wird. Im Laufe des Lebens differenziert sich das individuelle Bewusstsein (in verschiedenen Graden) und gerät dabei meist in Konflikt mit dem kollektiven Bewusstsein. Diese Spannung gilt es auszuhalten und zu integrieren, was dann zur wesentlichen Leistung des persönlichen Individuationsprozesses wird (vgl. Sauer in Müller, 2003, S. 46).

2.2 Das Ich-Bewusstsein

Das Ich-Bewusstsein stellt nur einen kleinen Teil der Gesamtpsyche dar. Es leistet die wache Orientierung, die Wahrnehmung und die Willensakte, also diejenigen Funktionen, die auch Freud dem Ich als Realitätskontrolle zuschreibt. Das bewusste Ich wird auch als Ich-Komplex bezeichnet (zur Komplextheorie ▶ Kap. 2.3). Man kann auch von einem Bewusstseinsfeld sprechen, wobei das Bewusstsein des Ichs eng mit dem Ich-Erleben verbunden und somit sehr wesentlich für jede Person ist.

> **Das bewusste Ich**
> ist das Zentrum des Bewusstseinsfeldes und wir erleben unser bewusstes Ich als kontinuierlich und auch als identisch mit sich. Da es aus einem Komplex von Vorstellungen und Identifikationen besteht, sprechen wir auch vom Ich-Komplex.

Nach einer persönlichen Krise schrieb C.G. Jung sein Buch *Psychologische Typen* (GW 6). Er beschäftigt sich darin mit den Einstellungsfunktionen Extraversion und Introversion und entwickelt in Verbindung damit das Konzept der vier Orientierungsfunktionen des Ichs. Mit diesen Konzepten schafft er ein Instrumentarium, differenziert beschreiben zu können, wie die innere und äußere Welt wahrgenommen, bewertet und verarbeitet wird.

Jung unterscheidet zwei verschiedene Einstellungsfunktionen: Extraversion und Introversion. Sie werden entsprechend der Richtung der Energie- oder Libidozuwendung unterschieden und spiegeln nach Jung eine Gegensatzstruktur wider (▶ Kap. 3, *Libido – die treibende Kraft in uns*). Demnach sind extravertierte Menschen eher objektorientiert und vertrauen der Außensituation, während die Innensituation ihnen eher Angst macht. Im Gegensatz dazu sind introvertierte Menschen eher auf sich selbst bezogen. Ihnen flößen Außensituationen Angst ein. Jung spricht in seinem Buch vom extravertierten und vom introvertierten Typus. Heute geht die Analytische Psychologie davon aus, dass jeder Mensch beide Anlagen besitzt und lediglich mehr in die eine oder die andere Richtung tendiert.

> **Introversion und Extraversion**
> Introversion ist – und das ist auch die wörtliche Übersetzung des Wortes – die Wendung nach innen, Extraversion – gleichfalls verdeutscht – die Wendung nach außen, das Sich-nach-außen-Wenden ist (vgl. Adam, 2005, S. 6).

Jung entdeckt vier Orientierungsfunktionen des Ichs (▶ Abb. 2.2, *Anschauungsmodell*): Denken, Fühlen, Empfindung und Intuition. Auch diese Funktionen sind beim Einzelnen unterschiedlich gewichtet und verschieden ausgeprägt.

> **Wie wir uns orientieren und Sinn erfassen**
> - Die Empfindungsfunktion /Realitätswahrnehmung dient zur Wahrnehmung der Welt, wir stellen fest, was tatsächlich vorhanden ist.
> - Mit der Fühlfunktion bewerten wir die Ergebnisse, wir fühlen, was das Vorhandene wert ist.
> - Die Denkfunktion ermöglicht sinngebende Interpretationen, wir erkennen, was das Vorhandene bedeutet.
> - Die Intuitionsfunktion lässt uns vorausschauend nach hintergründigem Sinn suchen. Die Intuition weist auf die Möglichkeiten hin, die im Vorhandenen liegen.

Die Einstellungsfunktionen wirken in Verbindung mit den Grundfunktionen. Durch die individuellen Ausprägungen und die vielen Kombinationsmöglichkeiten ergeben sich viele Möglichkeiten, die Welt zu erfahren und zu verarbeiten. Die jeweilige Orientierungsfunktion – sei es die Fühlfunktion, Denkfunktion, die Intuition oder die Empfindungsfunktion – ist also entweder introvertiert oder extravertiert eingestellt.

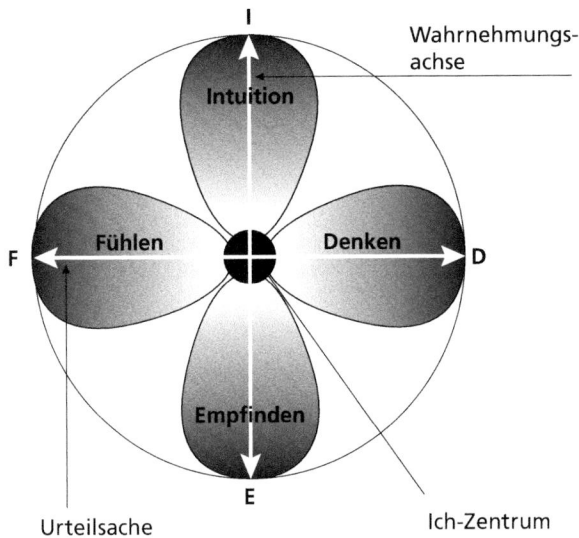

Abb. 2.2: Die vier Funktionskonstellationen (nach Adam, 2003, S. 41)

> **Beispiel: Introvertierte Fühlfunktion**
> Ein jüngerer Mann hat eine introvertierte Fühlfunktion. Er hat ein schnelles extravertiertes Denken sowie eine extravertierte Empfindungsfunktion/Realwahrnehmung, womit er als Computerfachmann bestens ausgestattet ist. Seine Intuition ist entsprechend introvertiert.
> Beruflich/fachlich kommt dieser Mann blendend zurecht. Da er aber wenig bewusst seine introvertierten Funktionen Fühlen und Intuition benutzt, hat er Schwierigkeiten in seinen sozialen Beziehungen.

2.2.1 Die Persona

> **Persona**
> Der Begriff Persona ist der antiken Theaterwelt entlehnt und bezeichnete dort die Maske des Schauspielers, die ihm das Gesicht verleiht, das seine Rolle verlangt.
> »Die Persona ist ein Kompromiss zwischen Individuum und Sozietät darüber, wie jemand nach außen hin erscheint«, so Jung (GW 7, § 246). Das eigene Wunsch- oder Idealbild, das berufliche Leitbild sowie gesellschaftliche Grenzen wirken in die Persona des Einzelnen hinein. Somit ist die Persona auch Schutzwall, geeignetes Versteck vor der Umwelt, aber oft auch ritualisiertes Verständigungsmittel.

Mit der Persona findet die Anpassung an die äußere Umgebung, an die Berufswelt und allgemein an die Gesellschaft statt. Sie ist Teil des Ichs, der der Außenwelt zugewandt ist.

Mit der Persona zeigen wir der Mitwelt die Charakterzüge und Eigenschaften, die wir für sozial verträglich und wünschenswert halten. Man könnte mit der Persona auch das »Image« bezeichnen, das wir bei anderen haben (Adam, 2000, S. 30).

Eine übermäßige Identifikation mit der Persona kann neurotische Formen annehmen. Es bleibt womöglich wenig eigene Substanz übrig, der Mensch wirkt unpersönlich, ohne eigene Identität. Auf der anderen Seite ist eine gut entwickelte, differenzierte und flexible Persona Voraussetzung für eine notwendige soziale Anpassung, die soziale Schwierigkeiten verhindern hilft.

▶ Mehr dazu in Kapitel 7, Frage 1: Wer bin ich?

2.3 Das Unbewusste

Dieser Bereich umfasst alles, was vom Ich nicht bewusst erlebt wird. In der Analytischen Psychologie wird unterschieden zwischen persönlichem und kollektivem Unbewussten.

2.3.1 Das persönliche Unbewusste

Das persönliche Unbewusste
Es umfasst all das, was vom Ich nicht bewusst erlebt wird z. B. all das, was bei Freud das Vorbewusste, das Vergessene, das Verdrängte, das unterschwellig Wahrgenommene und das Abgesunkene ist, also alle persönlichen Inhalte, die prinzipiell auch bewusst und aktualisierbar sein könnten.

Die Inhalte des persönlichen Unbewussten müssen nicht notwendigerweise bei jedem unbewusst sein. Es gibt durchaus Menschen, die sich über fast alles, dessen man sich bewusst sein kann, auch bewusst sind. Natürlich gibt es außerordentlich viel Unbewusstheit.

Wenn man sich zu anderen Völkern begibt, z. B. in die Kulturen von Indien und China, so kann man feststellen, dass sich dort viele Weise über Dinge bewusst sind, die hier in monatelanger Arbeit von Psychoanalytikern herausgearbeitet werden müssen. Aber auch in unserer Kultur können beispielsweise viele »einfache« Menschen in einer natürlichen Umgebung ein erstaunliches Bewusstsein von Dingen haben, die z. B. dem modernen Stadtmenschen ganz unbekannt sind.

Beim analytischen Arbeiten mit Träumen, Symptomen und Phantasien neurotischer oder normaler Menschen beginnt man ins Unbewusste einzudringen. Somit ist das persönliche Unbewusste etwas sehr Relatives; sein Umfang kann reduziert oder theoretisch so gering werden, dass er sich dem Nullpunkt nähert.

Es ist also durchaus vorstellbar, dass ein Mensch sein Bewusstsein derart entwickelt, dass er den größten Teil seines persönlichen Unbewussten ichbewusst zur Verfügung hat.

Die Komplexe

Die Inhalte des persönlichen Unbewussten werden in einer Vielzahl von Komplexen angespeichert. Sie besitzen meist einen archetypischen Komplexkern. Man kann sich das so vorstellen, dass die abgesunkenen Erfahrungen mit der Außenwelt im persönlichen Unbewussten archetypischen Komplexkernen begegnen, die bereitliegen, damit sich die Komplexinhalte »andocken« können.

Die vielen persönlichen Komplexe bilden also als vernetzte Komplexfelder den Inhalt des persönlichen Unbewussten. Die Analytische Psychologie

C. G. Jungs geht davon aus, dass die Komplexe starke Auswirkungen auf das emotionale Befinden und das Verhalten des bewussten Ichs haben.

Die Beziehungskomplexe Mutter-, Vater-, Eltern- und Geschwisterkomplex spielen wohl bei jedem Menschen eine Rolle. Sie beinhalten eine Ansammlung der emotionalen Erfahrungen mit familiären Bezugspersonen, und zwar von Kindheit an.

Diese Inhalte gruppieren sich um archetypische Kernbereiche herum, die ihre Verwurzelung im kollektiven Unbewussten bzw. in den entsprechenden archetypischen Wirkfeldern haben. Archetypische Kernbereiche stammen zum Beispiel aus dem Mutter-, Vater- und Elternarchetyp sowie aus der archetypischen Dimension von Geschwisterrivalität.

▶ Mehr dazu in Kapitel 7, Frage 3: Was habe ich gelernt?

Weitere Beispiele für persönliche Komplexe sind der Minderwertigkeitskomplex (vgl. Kast, 1990, S. 46; Eschenbach, 1996, S. 16), persönliche Schuldkomplexe (vgl. Eschenbach, 1996, S. 143) Angstkomplexe (Ängste vor Höhe, Flug, Ängste vor Tieren z. B. Hund, Schlange, Spinne; vgl. Adam, 2000, S. 36ff). Wichtig ist, dass Komplexe ein ganz normales Phänomen der Psyche sind. Sie gehören zur Ausstattung der menschlichen Psyche. Sie können, müssen aber keinesfalls pathogen werden.

Der Schatten

Im Jung'schen Modell der Gesamtpsyche steht der Schatten dem Ich-Bewusstsein mit der nach außen gerichteten Persona gegenüber.

Im Schatten unserer Persönlichkeit sind unsere »Antiwerte« gespeichert:

- das, was ich an mir wissen könnte, aber nicht wahrhaben will,
- das, was böse an mir ist, das Unangepasste oder das Kindische,
- das, was mein Ich-Ideal an mir nicht akzeptieren kann.

Der Schatten
ist ein Komplex. Hier finden sich viele Inhalte, die verdrängt wurden. Inhalte, die vom bewussten Ich nicht akzeptiert und angenommen werden können. Es sammeln sich hier also viele verdrängte Inhalte, sozusagen die »dunklen Seiten«. Der Komplexkern des Schattens stammt aus einem archetypischen Schattenwirkfeld des kollektiven Unbewussten.

ICH-BEWUSSTSEIN

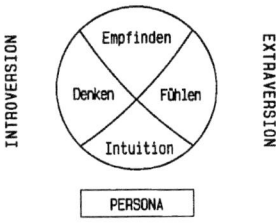

PERSÖNLICHES UNBEWUSSTES

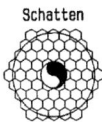

Abb. 2.3: Man kann den Schatten die dunkle Seite unserer Seele nennen.

Der Schatten funktioniert also wie eine Art Müllcontainer, der alles aufnimmt und aufbewahrt, was für das Bewusstsein als minderwertig, lästig, unbequem und aktuell störend erscheint. Man könnte auch sagen, diese Aspekte unserer Person ziehen sich emotional aufgeladen ins Dunkel des Unbewussten zurück.

C. G. Jung spricht von den »dunklen Charakterzügen und Minderwertigkeiten«, die als Emotionen im Schatten sitzen und eine gewisse Autonomie besitzen, d. h. sich ungebeten ins Leben einmischen (GW 9/2, § 15). Sie zeugen von dem Teil der Persönlichkeit, der ein niedrigeres Niveau hat als das Ich-Bewusstsein.

Oft erleben wir unsere Schatteninhalte subjektiv als etwas Destruktives im Inneren. Von außen oft nicht sichtbar, tritt es uns als inneres Erlebnis entgegen und lässt uns nicht selten leiden. Sie zeigen sich uns als ungewollte Phantasiebilder mit oft zerstörerischen Affekten und führen als destruktive Energien dann nicht selten zu lähmender Depression oder auch problematischem Suchtverhalten.

Der Schatten kann aber durchaus auch *positive Qualitäten* beinhalten, wenn das Ich-Bewusstsein zum Beispiel von negativen Selbstbildern und Minderwertigkeitsvorstellungen dominiert ist oder wenn jemand alle positiven Aspekte seiner Person, ja oft auch den sogenannten »anständigen Menschen« in sich verdrängt und in seinem Schattenkomplex unter Verschluss hält. Dann befindet sich der positive Gegensatz im Schatten.

Jung sprach einmal davon, dass der Schatten bis zu achtzig Prozent aus Gold bestehen kann. Dabei meinte er aber wohl nicht nur die verdrängten positiven Qualitäten. Er sah auch im negativ bewerteten Schattenmaterial viele verborgene goldene Möglichkeiten. »Das kollektive Unbewusste ist gefährlicher als Dynamit«, so Jung in einem Interview. »Aber es gibt Wege, ohne allzu große Risiken damit umzugehen. Wenn man einen Zugang dazu hat, hat man im Falle einer Krise eine viel bessere Chance sie zu lösen, als jeder andere« (*C. G. Jung im Gespräch*, S. 83).

Innerhalb der Gesamtpsyche ist der Schatten der Funktionsteil des Unbewussten, der relativ Ich-nahe ist. Man hat ihn darum auch einen Hüter der Schwelle zum Unbewussten genannt. Der Schatten ist in den meisten Fällen der Bereich, dem wir auf dem Weg nach innen zuerst begegnen. Und er bleibt für jeden Menschen eine immerwährende Herausforderung, da er als wichtige psychische Grundfunktion nicht zu beseitigen ist. Man kann die Schatteninhalte bewusst machen und auf vernünftige Weise ins Leben integrieren. Man muss aber davon ausgehen, dass der Schattenkomplex sich immer wieder neu mit Inhalten füllt.

▶ Mehr dazu in Kapitel 7, Frage 2: Was verberge ich?

2.3.2 Das kollektive Unbewusste

Das Konzept des *kollektiven Unbewussten* ist die Entdeckung C.G. Jungs, mit der er sich deutlich von der Lehre der Psychoanalyse Sigmund Freuds abwendet. Freud sprach zwar auch von »archaischen Resten«, lehnte aber Jungs Idee von einem kollektiven Unbewussten ab. Jung ist der Ansicht:

> »Neben den persönlichen unbewussten Inhalten gibt es aber auch andere Inhalte, die nicht aus persönlichen Akquisitionen, sondern aus der ererbten Möglichkeit des psychischen Funktionierens überhaupt, nämlich aus der ererbten Hirnstruktur stammen« (GW 6, § 919).

Das Konzept vom kollektiven Unbewussten war für Jung das Kernstück seiner Analytischen Psychologie. Als Psychiater sah Jung in den Halluzinationen seiner psychotischen Patienten, aber auch im Traummaterial und den Phantasien vieler Menschen Bilder und Symbole, die wir z.B. auch in Märchen und Mythen finden. Und auch in seinen eigenen Träumen und Phantasien entdeckte er Phantasieprodukte, die ihn zur Annahme einer kollektiven Instanz im Unbewussten veranlassten, die allen Menschen gemeinsam ist. In einem berühmt gewordenen Traum sah Jung seine Vorstellung vom Aufbau der Psyche gebildet.

> Im Traum (stark gekürzt) sah Jung ein ihm unbekanntes Haus mit zwei Stockwerken. Er war im oberen Stockwerk und ging ins Erdgeschoss und schließlich eine steinerne Treppe hinab in den Keller. Dann entdeckte er im Fußboden einen Ring, mit dem er eine Steinplatte anheben konnte. Treppen führten in eine niedrige Felshöhle, wo er Überreste einer primitiven Kultur und zwei alte, halb zerfallene Menschenschädel fand (vgl. *Erinnerungen*, S. 163).

Das Wohnzimmer verstand Jung als Bereich des Bewusstseins, im Erdgeschoss sieht er das persönliche Unbewusste, die Felshöhle steht für ihn als Bild für den archetypischen Bereich des kollektiven Unbewussten.

Diese psychische Struktur, so Roth »kommt zustande, indem die Erfahrungen der gesamten Menschheitsgeschichte seit Urzeiten nicht verloren gehen, sondern als Erinnerungsspuren eine Art Niederschlag bilden, der sich in millionenfacher Wiederholung verdichtet und in Form von archetypischen Strukturen in der Tiefe des Unbewussten anordnet. Das kollektive Unbewusste ist damit auch als Erbe der Menschheitsgeschichte zu verstehen« und wäre somit als unabdingbare Grundausstattung der menschlichen Psyche zu sehen (Roth, 2003, S. 88).

Das kollektive Unbewusste
»Das Kollektive Unbewusste enthält allen Menschen gemeinsame Inhalte und Strukturen, die aus der Phylogenese stammen. Es reicht vom biologischen Pol ererbter Instinkte und angeborener Auslösemechanismen bis zum geistigen seelischen Pol erblich mitgebrachter Bereitschaften, ähnlich psychisch zu reagieren oder ähnliche Symbole hervorzubringen. Hierin hat das in den Hauptmotiven gleichartige mythologische Material der gesamten Welt ihren Ursprung« (Adam, 2000, S. 33).

»Das kollektive Unbewusste ist die gewaltige geistige Erbmasse der Menschheitsentwicklung; wiedergeboren in jeder individuellen Hirnstruktur« (GW 8, § 342).

Die Archetypen

Das kollektive Unbewusste ist der Sitz der Archetypen. Wir finden archetypische Symbolbilder besonders in Mythen und Märchen, in den Religionen, in der Kunst und in vielen alltäglichen Lebensprozessen. Aber auch in unseren Träumen zeigen sich Signale aus den Archetypen. Dabei sind viele dieser archetypischen Bildelemente Signale aus den archetypischen Urbildkernen der persönlichen Komplexe. Die signalsendenden Archetypen vermitteln, energetisch gesehen, dem bewussten Ich eine spezielle Energie aus den jeweiligen archetypischen Wirkfeldern.

Die Zahl der archetypischen Bilder ist unbegrenzt. C. G. Jung sprach von einigen sich personifiziert darstellenden Archetypen und machte über manche vertiefte Aussagen. so zum Beispiel über die archetypischen Inhalte von Mutter, Kind, Held, puer aeternus, Kore und des Tricksters.

Wichtig sind vor allem die Hauptarchetypen des großen Männlichen und des großen Weiblichen. Jung spricht vom Mutter- und Vaterarchetyp, vom Archetyp des Helden und der Heldin, der alten Weisen/des alten Weisen. Archetypisch ist auch das Bild des göttlichen Kindes, welches für Neuwerdung steht. Die Energien von Anima und Animus haben ihre Wurzeln ebenfalls im archetypischen Bereich. Das Begriffspaar bezeichnet die persönliche Ergänzung durch das männliche bzw. weibliche Seelenbild.

Archetypus
Den Begriff Archetypus entnimmt C. G. Jung älteren Schriften. Auch Augustinus kannte ihn. Ethymologisch ist er gebildet aus Arche = gr. Anfang, Ursprung, Urgrund und Tipos = gr. Ich schlage, Spur, Abbild, Modell, Muster, Form. Jung sprach zu Beginn (1912) von »Urbildern« oder von urtümlichen Bildern. Ab 1919 verwendete er den Begriff Archetypus.

In der Analytischen Psychologie bedeutet Archetypus eine vorgeprägte Bereitschaft oder eine Vorstellungsform. Der Begriff enthält somit ein Moment des Kollektiven bzw. des Allgemeinen, des relativ Konstanten, des Arttypischen, des Prägenden und des Geprägten (Jacobi, 1971, S. 56f).

Zu den archetypischen Inhalten und deren Verständnis sagt Jung: »Was ein archetypischer Inhalt immer aussagt, ist zunächst sprachliches Gleichnis« (GW 9,1 § 267).

»Der methodische Grundsatz, nach welchem die Psychologie die Produkte des Unbewussten behandelt, lautet: Inhalte archetypischer Natur manifestieren Vorgänge im kollektiven Unbewussten. Sie beziehen sich daher auf nichts Bewusstes oder bewusst Gewesenes, sondern auf essentiell Unbewusstes. Es ist daher, in letzter Linie, auch gar nicht anzugeben, worauf sie sich beziehen. Jede Deutung bleibt notwendigerweise beim Als-Ob« (GW 9,1 § 265).

Von Jung wird der Archetyp immer wieder in Zusammenhang mit der ererbten Hirnstruktur gebracht. Er geht von einer Vererbung der archetypischen Grundstrukturen aus. Mit der ererbten Hirnstruktur sind dem Menschen Bereitschaften vorgegeben, wie und als was er seine Welt erfährt und wie er auf sie antwortet. Beim biologischen Pol der Archetypenstruktur, der Instinktschicht, ist die Vererbungshypothese unstreitig. Aber auch beim geistig-seelischen Pol gilt für Jung die Vererbungshypothese. Er sieht die archetypischen Strukturformen als in der Hirnstruktur erblich mitgegeben an. In einer Art organischem Substrat wird dafür Sorge getragen, dass immer wieder die gleichen oder ähnliche archetypische Bilder produziert werden können.

> »Man hat mich vielfach des Aberglaubens an vererbte Vorstellungen bezichtigt; zu Unrecht, denn ich habe ausdrücklich hervorgehoben, dass diese Übereinstimmungen eben gerade nicht aus ›Vorstellungen‹ hervorgehen, sondern vielmehr aus vererbter Disposition, wieder so zu reagieren, wie immer reagiert wurde« (GW 8, § 229).

▶ Mehr dazu in Kapitel 7, Frage 4: Wie kann ich mich archetypisch erweitern?

2.4 Das Selbst

Das Selbst-Konzept ist der krönende Abschluss der Jung'schen Modellvorstellungen. C. G. Jung sieht das Selbst als ein wegweisendes Prinzip, das unsere Entwicklung bewirkt. Als eine Art Trieb zur Selbstwerdung ist es das eigentliche Agens des gesamten Entwicklungsprozesses, der Motor und Regulator der Individuation. Als apriorisches Gestaltungsprinzip steuert es den Aufbau des Ich-Komplexes. Zudem wäre das Selbst als Ursache für die Selbstregulierung der Psyche zu sehen. Einseitigkeiten der Persönlichkeit werden durch Impulse des Selbst kompensiert. Die Integrität der Gesamtstruktur der Persönlichkeit wird durch die Ausgleichung der Einseitigkeiten reguliert.

> »Das Selbst entspricht der Gesamtpsyche. Es hat ein eigenes Zentrum und einen viel größeren Umfang als das Ich, da es dieses und das gesamte Unbewusste einschließt. Dadurch fallen die Zentren von Ich und Selbst naturgemäß nicht in eins« (Adam, 2000, S. 10).

> **Das Selbst**
> Jung hat das Selbst-Konzept in Anlehnung an die indische Atman-Vorstellung entwickelt. Aus dem Selbst-Bereich kommen letztendlich alle tiefer gehenden Impulse für die Individuation des Menschen, für seinen lebenslangen psychischen Wachstums- und Reifungsprozess.
> So werden nicht selten Neuwerdungsimpulse, wie beispielsweise das archetypische Symbolbild des göttlichen Kindes, vom Selbst aus an das bewusste Ich transportiert.
> Auch die Bilder für die göttlichen Mächte, die Gottesbilder, entstehen aus dieser Schicht der Psyche. Für den gläubigen Menschen sind die Wirkungen aus diesem psychischen Bereich das Walten Gottes.

Das Selbst ist eine dem Ich übergeordnete Instanz, zu der sich das Ich aktiv, das heißt bewusstwerdend und entscheidend verhalten muss. Das Ich muss aber auch passiv geschehen lassen können bzw. muss es geschehen lassen, weil es vom Selbst bestimmt nicht anders kann.

Die Ganzheit (Selbst genannt) ist im Grunde die »Unio oppositorum«, eine Vereinigung der Gegensätze innerhalb der Gegensatzstruktur der Psyche. Gelingt es der Persönlichkeit annäherungsweise, eine Vereinigung von Bewusstsein und Unbewusstem zu erlangen, so wäre sie eine umfassendere, vollständigere Persönlichkeit (nicht vollkommen).

C. G. Jung schreibt zum Selbst:

> »Die zentralen Symbole dieses (Individuations-)Prozesses beschreiben das Selbst, nämlich die Ganzheit des Menschen, die einerseits aus dem, was ihm bewusst ist und andererseits aus den Inhalten des Unbewussten besteht Das Selbst, der vollständige Mensch, dessen Symbole das göttliche Kind und dessen Synonyme sind« (GW 11, § 755).

▶ Mehr dazu in Kapitel 7, Frage 8: Wie gelangt mein Ich zum Selbst?

> »Nach meiner persönlichen Auffassung ist die Lebensenergie oder die Libido des Menschen das göttliche Phneuma, und es war geheime Absicht, diese Überzeugung dem Verständnis meiner Kollegen nahezubringen.« (Briefe I, S. 475)

3

Libido – die treibende Kraft in uns

3.1 Was bedeutet Libido?

Die beschriebenen innerseelischen Strukturen wirken aufeinander, miteinander oder auch gegeneinander. Eine treibende Kraft für diese Prozesse ist nach Jung die Libido, die psychische Energie, die jede menschliche Entwicklung in Gang bringt und hält. Jungs energetische Hypothese besagt, dass den Veränderungen der Erscheinungen im psychischen Bereich eine Energie zugrunde liegt. Energie ist dabei »ein aus den Bewegungsbeziehungen abstrahierter Begriff« (GW 8, § 3).

Jung bemühte sich sehr um eine Klärung des Libido-Begriffs und versuchte, ihn so gut wie möglich von anderen abzugrenzen. Sein Libido-Begriff unterscheidet sich beispielsweise durch größere Allgemeinheit vom Freud'schen.

> **Libido**
> Im lateinischen Wortsinn (z.B. bei Cicero) ist mit *Libido* ein »leidenschaftliches Begehren« gemeint (vgl. GW 4, § 251 ff.).
> C. G. Jung versteht unter Libido eine psychische Energie, die zunächst gänzlich unspezifisch ist. »Der angewandte Libido-Begriff erscheint in unserer Anschauung als sexuelle, vitale, geistige, moralische usw. Energie. Sie tritt uns entgegen in den verschiedenen Formen des Triebes« (GW 8, § 55).
> Bei Klaus Uwe Adam ist die Libido oder die psychische Energie eine grundlegende Lebensenergie im Menschen, die die verschiedensten seelischen und geistigen Formen annehmen und auch in physische Leistungen umgesetzt werden kann. Sie ist eine primäre Kraftquelle, die den Phänomenen der Psyche Gehalt und Wirklichkeit verleiht (Adam, 2006, S. 50).

Klaus Uwe Adam benutzt die Metapher der Elektrizität. Er sieht die Libido wie den elektrischen Strom, der seine Energie in verschiedenste Formen der Arbeit und diverse Leistungen umwandeln kann (z.B. Strom zu Licht, Wärme oder Antrieb von Maschinen).

> **Wichtige Ausdruckformen der Libido**
> - motorische Leistungen und körperliche Arbeit
> - Emotionalität und Affekte
> - neurotische Symptome
> - Leistungen der vier Bewusstseinsfunktionen (Denken, Fühlen, Empfinden und Intuieren)
> - Träume und Imaginationen
> - Reifung und psychologische Entwicklung
> - kulturelle, wissenschaftliche, künstlerische und religiöse Schöpfungen (nach Adam, 2006, S. 50–52)

3.2 Die Gegensatzstruktur der Psyche

Jung nimmt eine polare Struktur der Psyche an. Angelehnt ist diese Vorstellung von den Gegensätzen an die philosophischen Ideen Heraklits, der der Ansicht ist, dass jedes menschliche Leben in sein Gegenteil hineinläuft. Alles Menschliche ist demnach relativ, weil alles auf innerer Gegensätzlichkeit beruht. Das energetische Phänomen beruht notwendigerweise auf einem präexistenten Gegensatz, ohne den es gar keinen Energiefluss geben könnte. Gegenpole wie hoch und tief, heiß und kalt usw. sind die Voraussetzung dafür, dass Ausgleichungsprozesse stattfinden, die dann zu energetischen Bewegungen führen. Die Gegensatzstruktur wird damit die »unausrottbare und unerlässliche Bedingung unseres seelischen Lebens« (GW 14/1, § 200).

Grundsätzlich sieht also Jung die Gegensatzstruktur, das Gegensatzprinzip als ein der menschlichen Natur inhärentes Gesetz an. Es gibt keine Position ohne Negation. Ein Sein ohne Gegensätzlichkeiten ist völlig undenkbar, da sonst das Vorhandensein überhaupt nicht festgestellt werden könnte. Weiter sagt Jung, dass kein Gleichgewicht und kein System mit Selbstregulierung (wie es die Psyche ist) ohne Gegensatz auskommt (vgl. GW 7, § 92).

Um zu verstehen, wie diese Lebensenergie, die Libido, wirksam wird, bietet es sich an, in Adams Bild der Elektrizität zu bleiben. Jung sieht die Libido, ähnlich wie elektrische Energie, zwischen zwei Polen fließen. Diese Pole liegen bereits in der Natur der menschlichen Seele. Sie sorgen für den Herzschlag oder Atem des Lebens (Seifert in Müller, 2003, S. 322).

Den Begriff Polarität benutzt Jung nicht. Er spricht immer von Gegensätzen. Aber deutlich ist, dass keine Position ohne ihre Negation existieren kann.

> **Universelle Polaritätspaare**
> begegnen uns in der Philosophie, in den Religionen, aber auch im Alltagsleben:
>
> - Sein – Nicht-Sein / Materie – Energie / Leben – Tod
> - Dynamik – Stabilität / ein – aus / Ja – Nein / innen – außen
> - oben – unten / links – rechts / jung – alt / Körper – Geist / Macht – Liebe

Gegensatzpaare im Theoriemodell der Analytischen Psychologie:

- Ich-Selbst-Polarität,
- Gegensatz Bewusstes und Unbewusstes
- Extra- und Introversion
- die beiden wahrnehmenden und bewertenden Orientierungsfunktionen
- Ich-Sonne und Schatten
- Animus und Anima

In seinem *Roten Buch* spricht Jung von folgenden Gegensatzpaaren:

- Wirksames – Unwirksames
- Fülle – Leere
- Lebendiges – Totes
- Helles – Dunkles
- Heiß – Kalt
- Eines – Vieles

Jung hat sich intensiv mit dem Gegensatzthema beschäftigt, entsprechende Beobachtungen und Formulierungen durchziehen sein gesamtes Werk. Sie bilden die Basis seiner *Konflikttheorie,* seines Beitrags zur *Neurosentheorie* sowie überhaupt seiner gesamten Theorie der psychischen Dynamik.

Er sieht den *Konflikt* allgemein als eine Konstellation von Gegensatzpaaren. Er sei »vielleicht auch die Grundlage jener Spannung, die wir als psychische Energie bezeichnen« Denn: »Jeder Konflikt bedeutet eine Belebung der Gegensatzposition und wird damit zum wesentlichen Erlebnis des Individuationsprozesses« (GW 8, § 98). Konflikte sind daher nicht nur ganz natürlich für jeden Menschen, sondern sie sind sogar wichtige Impulsgeber für die Individuation. Gerade das aktive Bemühen, um ein seelisches Fortkommen, für die eigene Individuation führe den Menschen immer wieder zu den eigenen inneren Konflikten.

Jung sagt dazu: »Wer immer sich auf dem Weg zur Ganzheit befindet, kann jener eigentümlichen Suspension, welche die Kreuzigung darstellt, nicht entgehen«, und stellt weiter fest: »Denn er wird unfehlbar dem begegnen, was ihn durchkreuzt, nämlich:

1. dem, was er nicht sein möchte (Schatten),
2. dem, was nicht er, sondern der andere ist (individuelle Wirklichkeit des Du)
3. und was sein psychisches Nicht-ego, nämlich das kollektive Unbewusste ist« (GW 16, § 471).

Auch die Sicht auf das *neurotische Geschehen* geht von polar angeordneten Faktoren und psychischen Prozessen aus. Zentral ist die Sichtweise, dass bei der Neurose ein weitgehend unbewusster und auch somit undifferenzierter Pol nicht zum Tragen kommt, was dann zur neurotischen Problematik führt.

Im Heilungsprozess sollen dann einseitig dominante und nur noch gegensätzlich gewordene Pole miteinander verbunden werden, damit die Libido wieder fließen kann. Blockaden, die die Beziehungen zwischen den Polen verhindern, müssen Stück für Stück abgebaut werden, damit die Fülle des Lebens wieder zugänglich wird.

Nur die Verbindung der Pole macht das Erlebnis einer inneren Mitte möglich. Die Bezogenheit der inneren gegensätzlichen Pole ist somit Voraussetzung für seelische Gesundheit und gelingendes Leben.

Die starke Energetisierung der innerseelischen Pole sieht Jung im Bestreben des Selbst begründet, eine Ganzheit in der Persönlichkeit des Menschen zu erwirken. Dies wäre dann die spannungsreiche Summe aller Paradoxien und Polaritäten, denen der Mensch ausgesetzt ist und die sich im Individuationsprozess nach und nach entfalten können. »Diese Bemühung führt allmählich zur Erkenntnis des anderen Menschen, sowohl wie zur Selbsterkenntnis und damit zur Unterscheidung zwischen dem, was einer wirklich ist und dem, was in ihn projiziert wird oder was er von sich selber phantasiert« (GW 16, § 471).

Besonders in seinem Alterswerk *Mysterium Coniunctionis* sind die »Gegensätze« ein Hauptthema. Er untersucht die Trennung und Zusammensetzung der seelischen Gegensätze und findet sie in den Themen der Alchemie, wie in der Suche nach dem Stein des Weisen und der Quintessenz. Ebenso geht es für ihn um die Suche nach der Synthese der Grundpolaritäten des Lebens wie Feuer, Wasser, Luft und Erde sowie die Verbindung des männlichen und weiblichen Prinzips.

Jung sagt zu dieser Auseinandersetzung: »Erst mit dem Mysterium coniunctionis war meine Psychologie endgültig in die Wirklichkeit gestellt und als Ganzes historisch untermauert. Damit war meine Aufgabe erledigt, mein Werk getan« (*Erinnerungen,* S. 225).

3.3 Die Bewegungen der psychischen Energie

In welche Richtung geht meine Libido?

Möglichst viel Erkenntnis über die Bewegungen der Libido im dynamischen Geschehen der eigenen Psyche ist ein sinnvolles Ziel. Die bewusste und differenzierte Wahrnehmung der dynamischen Abläufe im Wechselspiel der Psyche kann dazu führen, dass man sich nicht mehr irgendwie energetisch getrieben fühlt. Die Benennung des Erkannten mit gefüllten Begriffen macht viel Erfahrenes fassbarer.

3.3.1 Kausalität und Finalität

Woher kommt sie und wohin fließt die Libido?

Da die Bewegung der Libido immer sozusagen von A nach B geht, hat sie stets eine Ursache und auch ein Ziel. Für Jung liefern diese beiden Punkte wichtige Erkenntnisse für die eigene Entwicklung. Eine Libidobewegung oder ein Fließen der Libido, z. B. hin zu einer Transformation in bewusste Leistungen, kann man daher entweder in Bezug auf ihren Beweggrund (kausal) und im Hinblick auf ihr Ziel (final) betrachten. Die kausal-mechanistische Betrachtungsweise fragt immer nach der Ursache für eine Libidobewegung. Die final-energetische Betrachtungsweise dagegen fragt nach dem Ziel der Bewegung, sie interessiert sich dafür, *wozu* die jeweilige energetische Bewegung stattfindet.

Die Zielgerichtetheit psychischer Prozesse ist für Jung von Anfang an evident. Finalität gehört wesentlich zu den Grundelementen seiner Energetik. Leben an sich bedeutet schon Zielstrebigkeit.

> »Das Leben ist ein energetischer Ablauf wie irgendeiner. Aber jeder energetische Vorgang ist im Prinzip irreversibel und darum eindeutig auf ein Ziel gerichtet und das Ziel ist die Ruhelage. Das Leben ist sogar das Teleologische par excellence. Es ist Zielstrebigkeit selber. Und der lebende Körper ist ein System von Zweckmäßigkeiten, welche sich zu erfüllen trachten« (GW 8, § 798).

Natürlich steht hinter der finalen Betrachtungsweise auch wieder das Konzept des Selbst. Das Selbst initiiert die finalen Ziele. Es präformiert sozusagen das Ich. Der finale Gesichtspunkt ist nicht verstehbar ohne die Konzeption des Selbst, dem Jung Priorität vor dem Ich-Bewusstsein zuspricht. Dabei hat das Ich-Bewusstsein innerhalb der Dynamik der Psyche selbstverständlich eine wichtige Funktion. Durch die Interaktion des Ich-Bewusstseins mit dem Unbewussten und dem Selbst kommt der potentiell gerichtete Prozess verstärkt zum Tragen.

Aber da sich die Libidobewegung nach Jung nicht nur entweder final oder kausal betrachten lässt, ist er der Ansicht, sie sollte stets unter beiden Aspekten betrachtet werden.

> »Der Mensch ist nur halb verstanden, wenn man weiß, woraus alles bei ihm entstanden ist. Wenn es nur daran läge, so könnte er ebenso gut schon längst gestorben sein. Als Lebender ist er aber nicht begriffen; denn das Leben hat nicht nur ein Gestern, und es ist nicht erklärt, wenn das Heute auf das Gestern reduziert wird. Das Leben hat auch ein Morgen, und das Heute ist nur dann verstanden, wenn wir zu unserer Kenntnis dessen, was gestern war, noch Ansätze des Morgens hinzufügen können. Das gilt von allen psychologischen Lebensäußerungen, selbst von den krankhaften Symptomen« (GW 7, § 67).

Beispiele für Krisen

Eine Krise verunsichert einen Menschen in seiner Lebensmitte. Die kausale Frage sucht nach den Ursachen und Bedingungen für diese Krise. Dies kann wichtige Anhaltspunkte für das Verstehen bieten und infolge dessen seine Gram und damit den Leidensdruck etwas abmildern. Die finale Betrachtung sieht dagegen die Krise möglicherweise als wichtig für die Reifung und Entwicklung.

Sie kann vielleicht sogar erste Hinweise geben, wohin der Weg aus der Krise führen könnte. Nicht selten sieht man, dass es z. B. durch eine schwere Krankheit zu einem Berufs- und Interessenswechsel kommt oder eine schöpferische Tätigkeit initiiert wird, die die Individuation voranbringt.

3.3.2 Progression und Regression als gerichtete Bewegung

Fließrichtung: vorwärts und rückwärts

Jung wählt die Begriffe Progression und Regression, um damit Bewegungen der Libido zu beschreiben, die diese im Hinblick auf ein Fortschreiten bzw. Innehalten unternimmt. Die Begriffe scheinen aus der Physiologie und Neurophysiologie entlehnt zu sein.

Ist die Libido-Energie auf die Zukunft gerichtet, spricht man von einer progressiven Bewegung in Richtung Welteroberung und Realitätsanpassung. Die *Progression* vermag Wachstum in eine sich eröffnende Zukunft durch Realisierung neuer Möglichkeiten zu fördern. Insbesondere bei Kindern, Jugendlichen und jungen Erwachsenen kann die Progression als natürliche Bewegung der Lebensenergie gesehen werden. Das Wachsen des physischen und psychischen Organismus ist Progression.

Aber auch:

- Erobern neuer Positionen
- Erweiterung des Lebensspielraums
- Hineinwachsen in verschiedene Bereiche des gesellschaftlichen und sozialen Lebens
- Erweiterung des Wissens und geistigen Raumes
- Aufnahme neuer Beziehungen

Dies sind Vorgänge, die ihre Richtung durch das Bewusstsein erhalten und in einem fortwährenden und ungehinderten Weiterschreiten des Anpassungsprozesses an die bewusste Lebensformen« geschehen. Zudem ergibt sich durch Progression eine Weiterentwicklung und Differenzierung der Einstellungsfunktionen Extra- und Introversion sowie der Orientierungsfunktionen Empfinden, Intuition, Denken und Fühlen.

Die *Regression* lässt sich allgemein als ein Prozess der seelischen Regeneration verstehen, ein inneres Kräfteschöpfen, das vorübergehend als Innehalten, Rückzug, Stagnation der Entwicklung oder Einschränkung erlebt wird. Oft geht es einer wesentlichen Weiterentwicklung, der Progression, voraus. Regression dient auch dem Schutz des Organismus und ist somit sinnvoll und sogar lebenserhaltend. Sie ist oft mit einer Energieverarmung im Bewusstsein verbunden. Sie ist rückwärts gewandt und aktiviert Vergangenes, Vergessenes und Verdrängtes. Sie hat die Tendenz, sich energetisch in die Vergangenheit und in die Tiefe des Unbewussten zu bewegen. Eine regressive Bewegung tritt auch dann ein, wenn durch das Versagen der bewussten Anpassung oder durch starke Verdrängungen eine Intensivierung des Unbewussten hervorgerufen wird. Dadurch kommt eine unvermeidliche Aufstauung der Energie zustande, als deren Folge die Inhalte des Unbewussten über Gebühr mit Energie besetzt werden und »anschwellen«. Dies ist besonders dann gegeben, wenn neurotische oder pathologische Abläufe vorliegen (Adam, 2006, S. 52).

> **Progression und Regression**
> »Unter Progression (lat. progredi: vorwärtsschreiten) wird das Weiterschreiten des psychischen Anpassungsprozesses an die Anforderungen der Außenwelt und der Umweltbedingungen verstanden. Unter Regres-

sion (lat. regressus: zurückkehren) versteht man die Anpassung an die Bedingungen der seelischen Innenwelt« (Kuptz-Klimpel in Müller 2003, S. 328).

Nach Jung sind »Progression und Regression Dynamismen und gesetzmäßige Formen der Energieumsetzung« (GW 8, § 77).

Nach Adam: »Regression und Progression sind Bewegungen der Libido im psychischen Organismus. In der Regression fließt die psychische Energie zum Unbewussten hin, die Progression dagegen ist eine Libidobewegung in Richtung Bewusstsein« (Adam 2006, S. 52).

Der zyklische Wechsel von Regression und Progression ist eine sich ergänzende Libidobewegung. Sie bilden ein gemeinsames Polaritätenpaar und wechseln in der Psyche ständig ab. Dabei muss man sich die Dynamik von Progression und Regression in zeitlicher Abfolge vorstellen. Die Progression richtet sich an die Zukunft, die Regression an die Vergangenheit.

Unseren gesamten Lebenslauf kann man unter dem Blickwinkel von Regression und Progression betrachten. Demnach ist im täglichen Leben jede zweck- und zielgerichtete Aufmerksamkeit bzw. psychische Anstrengung, jeder bewusste Willensakt ein Ausdruck der Progression der Energie. Jede Ermüdung, jede Zerstreuung, jede emotionale Reaktion, ja in erster Linie der Schlaf selber ist dagegen eine Regression.

Wichtig ist die Feststellung: Die Wechselwirkung von Progression und Regression stellt einen wesentlichen Faktor der Selbstregulation des psychischen Systems dar.

Zusammenfassung
Regression

- Fließrichtung der Libido – rückwärts – bzw. nach unten, d. h. in die Vergangenheit und ins Unbewusste
- Der Sinn der Regression ist das Abholen von Energie oder Information aus dem Unbewussten, z. B. aus dem Reservoir des persönlichen Unbewussten oder aus den Archetypen des tieferen Unbewussten.

Progression

- Fließrichtung der Libido – vorwärts bzw. nach oben, d. h. in Richtung Bewusstheit, Anpassung an die Außenwelt und Erweiterung der Fähigkeiten.

> • Der weitere progressive Fortschritt lebt von den in der Regression befreiten Energien.
>
> Die Bewegung der Progression fährt nach einem Umkehrpunkt wieder zur Regression zurück und umgekehrt führt die Bewegung der Regression nach dem Umkehrpunkt wieder zu einer erneuten Progression (vgl. Adam, 2006, S. 53).

Jung erläutert diese differenzierten energetischen Kraftvorgänge mit einem Beispiel vom Lauf des Wassers (vgl. GW 8, § 72). Der Wasserlauf ist die Progression:

> »Die Progression wäre zu vergleichen mit einem Wasserlauf, der vom Berg zu Tal fließt.«

Die Aufstauung des Wassers in der Talsperre bedeutet Regression:

> »Die Aufstauung entspricht einem spezifischen Hindernis in der Richtung des Laufs, etwa einer Talsperre, welche die kinetische Energie des Laufes in die potentielle Energie der Lage umwandelt.«

In der Regression kommt es zu neuen Wegen für die Energie:

> »Durch die Aufstauung wird das Wasser gezwungen, einen anderen Weg einzuschlagen, wenn es infolge der Aufstauung eine Höhe erreicht hat, die ihm erlaubt, irgendwo überzufließen.«

Das überfließende Wasser kommt in die Turbinen, dadurch wird die Energie in Elektrizität umgewandelt:

> »Es fließt vielleicht in einen Kanal, der die lebendige Energie des Gefälles durch eine Turbinenanlage in Elektrizität führt.«

Somit ist eine neue Progression möglich:

> »Diese Umwandlung wäre ein Bild für die durch Stauung und Regression erzeugte neue Progression, deren, gegenüber früher, veränderter Charakter dadurch gekennzeichnet ist, dass die Energie sich nunmehr auf neue Weise manifestiert.«

Dabei bleiben nach dem Äquivalenzprinzip der Energiebetrag und die Intensität gleich.

3.3.3 Die Pendelbewegung – Enantiodromie

Fließrichtung: hin und her

Nach Jung ist Enantiodromie (griech: enantiodromia: entgegenlaufen) – der zyklische Verlauf, bei dem ein Umschlagen in das Gegenteil erfolgt – ein Grundgesetz der Psychologie. Es ist auf die verschiedensten psychischen Prozesse anwendbar. Schon bei Heraklit finden wir das Leben, das in Gegensätzen eingespannt ist.

> **Enantriodromie**
> »Das Gesetz der Enantiodromie hat eine psychologische Allgemeingültigkeit: Alles, was ins Extrem fortgeführt wird, läuft in sein Gegenteil! Dabei tritt die Umkehrung einer Tendenz in ihr Gegenteil stets dann ein, wenn sie sich bis zum Äußersten gesteigert hat« (vgl. GW 7, § 111).

Jung sagt an anderer Stelle dazu:

> »Es gibt keinen geheiligten Brauch, der sich nicht gegebenenfalls in sein Gegenteil verkehrt, und je extremer eine Stellung wird, desto eher ist ihre Enantiodromie, ihre Verkehrung ins Gegenteil, zu erwarten. Das Beste ist am allermeisten von teuflischer Verdrehung bedroht, denn es hat das Schlechte am allermeisten unterdrückt« (GW 5, § 581),

Diesen Vorgang bezeichnet Jung auch als »das grausame Gesetz der Enantiodromie« (GW 7, § 112). Diese Grausamkeit wird immer dann spürbar, wenn eine dominante Einstellung allzu sehr auf strikter Verdrängung ihres Gegenteils aufgebaut ist und sich das Verdrängte dann gewaltsam durchsetzt. Dies kann individuell beim einzelnen Menschen wie aber auch im Kollektiv, in einer Gesellschaft oder global geschehen.

> **Beispiele für Enantiodromie**
> - Der Kreislauf der Jahreszeiten, Sonnenwenden im Sommer und Winter.
> - Bei Jungtieren, aber auch beim Spiel der Kinder gibt es plötzliche Pendelbewegungen von intensiver Dynamik des Erforschens und dem regressiven Kraftschöpfen.
> - Ein Erwachsener erlebt nach einer glücklichen Lebenszeit eine schlimme Pechphase.

- Das Erleben von starkem emotionalen Auf und Ab (himmelhoch jauchzend und zu Tode betrübt).
- In gesellschaftlichen und politischen Prozessen: z. B. Wechsel von liberalen und konservativen Strömungen, Wechsel von begeisterter Zustimmung zu Ideologien oder revolutionären Ideen hin zu deren Verdammung.

Da Enantiodromie zum menschlichen Leben gehört und in jedem Falle wirksam wird, ist ein bewusster, flexibler Umgang mit diesem Phänomen sinnvoll. Kreativität und Gesundheit hängen in hohem Maße davon ab, ob der Mensch in der Lage ist, sich dem Wechselspiel der Polaritäten des Lebens und somit auch seiner Enantiodromie anzuvertrauen.

So kann Enantiodromie eine Umbewertung früherer Werte bewirken, wie das etwa als großes Thema in der Lebensmitte, aber auch in vielen alltäglichen Lebenssituationen gefordert ist. Der Übergang von einer Position in eine andere kann auf »sanftere« Weise erfolgen, wenn er von einem flexiblen Ich mit stärkerer Durchlässigkeit zum eigenen Unbewussten und höherer Integrationsfähigkeit »erlitten« wird (vgl. A. Müller in Müller, 2003, S. 102).

3.3.4 Extraversion und Introversion

Fließrichtung auswärts und einwärts

Auch bei den Einstellungsfunktionen des Ich-Bewusstseins, Extraversion und Introversion, die im vorherigen Kapitel bereits beschrieben wurden (▶ Kap. 2.2, *Das Ich-Bewusstsein*) ist das Fließen der Libido relevant. Hier soll der Energieaspekt der beiden Funktionen von Interesse sein.

Noch einmal kurz zur Erinnerung: Extraversion bezeichnet die Zuwendung zur Außenwelt, Introversion die nach innen. In Bezug auf die Libido, also energetisch gesehen, bedeutet dies:

In der Extraversion fließt die psychische Energie auf das äußere Objekt zu. In der Introversion findet sich eine Fließrichtung der Libido auf das eigene Subjekt und die inneren Objekte hin.

Jung beschreibt Extraversion und Introversion als Dynamismen oder Formen der Progression sowie der Regression. Dabei bezeichnen sie nichts anderes als die Auswärts- resp. die Einwärtswendung der Libido (vgl. GW 8, § 77f.).

Beide Libidobewegungen werden in der Lebensbewältigung und den kreativen Prozessen benötigt. Dabei wechseln sich die Einstellungsweisen und Dynamismen der Libido im Lebensvollzug ab, jeder Mensch scheint also beides in sich zu tragen. Es lässt sich bei jedem jedoch eine Tendenz ausmachen, ob er eher introvertiert oder extravertiert orientiert ist. Dies sieht Jung als anlagebedingt. Man könnte sich ein Kontinuum vorstellen, innerhalb dessen man sich, je nach Grundtendenz, mehr in Richtung extra- oder introvertiert einschätzen könnte. Jedenfalls wird aber beides im Leben gefordert und es gelingt normalerweise Intro- und Extraversion so einzusetzen, wie es zum Gelingen des Lebens notwendig ist.

> **Beispiel: Ein sehr gegensätzliches Ehepaar**
> Ein Paar, er sehr introvertiert, scheu und zurückhaltend, sie sehr extravertiert und nach außen orientiert.
>
> Seine Libido fließt vorwiegend in den Rückzug und er genießt in der Freizeit die Stille und ein »Bei-sich-Sein«. Sie dagegen sucht viele Begegnungen mit anderen Menschen und erfreut sich an der Vielheit hoch energetischer Aktionen. Dies erlebt sie subjektiv als eine bereichernde Erholung.
>
> Man kann sich unschwer vorstellen, dass dieses Paar nicht wenige Verständigungsprobleme hat. Andererseits gibt es, bei Gelingen der Kommunikation, bei den beiden viele Ergänzungsmöglichkeiten.

▶ Mehr dazu in Kapitel 7, Frage 5: Was treibt mich an?

3.4 Selbstregulierung der Psyche

Die Psyche ist in der Lage, sich selbst zu regulieren. Der Begriff Selbstregulation wurde ursprünglich von Maeder in die Psychologie eingeführt und von Jung seitdem regelmäßig verwendet. Für Jung ist die Psyche ein »selbstregulierender Apparat wie der lebende Körper« (GW 8, § 159).

Selbstregulierungsprozesse sind natürlich sehr vielfältig und immer sind die verschiedenen energetischen Impulse miteinander vernetzt. Hier sollen nun einige wichtige Mechanismen der Selbstregulation, mit denen sich C. G. Jung besonders beschäftigt hat, dargestellt werden: die Kompensation, die Prinzipien Äquivalenz und Entropie, die Verlagerung der Libido und der Projektionsmechanismus. Außerdem die Idee der Signale aus dem Selbst-Zentrum, woher ganz wichtige Impulse für die Autoregulation kommen.

Im Wesentlichen sind die Prozesse der Selbstregulierung unbewusste Abläufe. Sie stellen sich ein und sind sowohl im Verlauf sowie im Nachhinein zu erkennen und zu analysieren. Sind die Prozesse erkannt, kann das Ich-Bewusstsein versuchen, in das Selbstregulierungsgeschehen einzugreifen und das Geschehen gegebenenfalls bewusst unterstützen.

So können Selbstregulierungsprozesse auch bewusst angestoßen werden. Dies ist insbesondere dann sinnvoll, wenn es den unbewussten Regulationsimpulsen nicht gelingt, ein gutes Gleichgewicht zu erreichen. Bewusst lassen sich z. B. Änderungen von Verhalten oder neue Lebenspläne initiieren, womit natürlich auch neue innerpsychische Regulierungsprozesse in Gang gesetzt werden.

Jedenfalls bringt Erkenntnis über die gegebenen Abläufe der Selbstregulierung für das Ich-Bewusstsein des Einzelnen mehr Möglichkeiten, unerwünschte Mechanismen kritisch anzusehen und andere Regulierungsmöglichkeiten auszuprobieren.

3.4.1 Der Mechanismus der Kompensation

Unter Kompensation (lat. compensare) wird der Ausgleich eines bestehenden Mangels durch Einsatz dazu geeigneter Mittel verstanden. Kompensation dient als Bewältigungsmechanismus, oft zur Regulation des Selbstwertgefühls und zur Aufrechterhaltung der Ich-Kohärenz (vgl. A. Müller in Müller 2003, S. 229). Für Jung ist die Kompensation »eine Grundregel für das psychische Verhalten überhaupt« (GW 16, § 330).

> **Die Kompensation**
> »Die Seele als ein selbstregulierendes System, ist balanciert wie das Leben des Körpers. Für alle exzessiven Vorgänge treten sofort und zwangsläufig Kompensationen ein, ohne sie gäbe es weder einen normalen Stoffwechsel, noch eine normale Psyche. In diesem Sinne kann man die Kompensationslehre als eine Grundregel für das psychische Verhalten überhaupt erklären. Das Zuwenig hier erzeugt ein Zuviel dort. So ist auch das Verhältnis zwischen Bewusst und Unbewusst ein kompensatorisches« (GW 16, § 330).

Die Idee der Kompensation basiert ebenfalls auf dem bereits erwähnten Gesetz der Gegensätzlichkeit und folgt dessen Prinzipien. Bewusstes und Unbewusstes ergänzen sich strukturell und dynamisch zur Ganzheit. Sie bildet ein Beziehungsgefüge im Sinne des Ausgleichs, der Berichtigung, der Entwicklung und der Differenzierung. So folgen positive den negativ bewerteten Inhalten und umgekehrt. Phantasiebilder aus dem lichten Prinzip werden von dunklen Bildern abgelöst.

Den unbewussten Gegenpol zur bewussten Einstellung bilden die abgewehrten oder ausgeblendeten Aspekte, die der effektiven psychischen Tätigkeit wegen nicht zum Tragen kommen können. Je einseitiger die bewusste Haltung, desto stärker, lebendiger und gegensätzlicher treten Inhalte aus dem Unbewussten auf. Je einseitiger eine bewusste Einstellung, umso mehr stellt sich das Unbewusste auf die Gegenseite. Werden die Inhalte der Kompensation vom Ich-Bewusstsein jedoch angenommen, kommt es zur Berichtigung und zum Ausgleich.

Ist die bewusste Haltung dem Unbewussten gegenüber starr oder feindlich, können die unbewussten Inhalte so stark verdrängt werden, dass sie ihren Charakter ändern und zu archaischen Inhalten werden. So können sie ihre kompensatorische Funktion nicht mehr ausüben und zu starken Störfeldern in der Psyche werden.

Der Kompensationsmechanismus

Der Kompensationsprozess ist hauptsächlich ein unbewusster Vorgang. Viele Inhalte der Kompensation stammen aus den

- verschiedenen Schichten der Persönlichkeit,
- dem Schatten und den Komplexen sowie
- aus Impulsen aus den Archetypen des Selbst.
  Sie kompensieren bei Bedarf die Position des Ich-Bewusstseins.

Weitere Beispiele für Kompensationen:

- Kompensation durch Größenphantasien (um dem Minderwertgefühl zu begegnen)
- Kompensation durch idealisierte Eltern (womit man sich auch selbst erhöht)
- Spiegelidentifikation (Aufwertung durch Beziehungen zu anderen potenten Menschen)

- Abwehr von Ohnmacht (durch Aggression und Entwerten der kränkenden Personen) (vgl. Kast, 1990, S. 87ff.)

Erkennbar sind die kompensatorischen Prozesse durch Reflexion und Analysieren der Abläufe.

Besonders gut sind ihre inhaltlichen Ausgestaltungen in Träumen, Phantasien und Imaginationen zu erkennen. Insbesondere, wenn die auftauchenden symbolischen Bilder verstehend entschlüsselt werden, können sie als kompensatorische Inhalte die Persönlichkeit erweitern, kann sich die Psyche auf einem neuen Niveau stabilisieren.

> »Zunächst erscheinen einem die Kompensationen als jeweilige Ausgleichungen von Einseitigkeiten oder Ausbalancierungen gestörter Gleichgewichtsanlagen. Bei tieferer Einsicht und Erfahrungen dagegen ordnen sich diese anscheinend einmaligen Kompensationsakte einer Art von Plan ein. Sie scheinen untereinander zusammenzuhängen und im tieferen Sinne einem gemeinsamen Ziel untergeordnet zu sein, so dass eine lange Traumserie nicht mehr als ein sinnloses Aneinanderreihen inkohärenter und einmaliger Geschehnisse erscheint, sondern als ein, wie in planvollen Stufen verlaufender Entwicklungs- oder Ordnungsprozess« (GW 8, § 550).

Dabei ist Kompensation nicht nur ein individueller Vorgang im einzelnen Menschen, sondern sie wirkt genauso in der kollektiven Psyche. So führen beispielsweise Einseitigkeiten in gesellschaftlichen Themen zu kompensatorischen Gegenbewegungen oder sogar zu einer Gegenkultur.

3.4.2 Die Prinzipien Äquivalenz und Entropie

Um weiter im Bild der Libido als physikalischer Energie zu bleiben, lassen sich auch naturwissenschaftliche Energiegesetze auf die Selbstregulationsmechanismen der Psyche anwenden. Jungs energetische Betrachtungsweise lehnt sich in Teilen stark an physikalische Modelle an. Jung selbst hat mit dem Physiker Pauli einen interessanten Briefwechsel zu diesen Fragestellungen geführt und es gibt einige Parallelen in Jungs Psychoenergetik zur Atomphysik oder zur Kybernetik (Jung & Pauli, 1992).

Äquivalenzprinzip (oder das Prinzip der Energiekonstanz)
Innerhalb des psychischen Systems ist die Menge der Energie (bis zu einem gewissen Grad) konstant und nur die Verteilung variabel. Innerhalb der vielen Untersysteme der Psyche verteilt und verlagert sich die

Energie -dynamisch, aber die Grundmenge bleibt konstant (vgl. Seifert in Müller, 2003, S. 101f.).

Es besagt auch, so Jung, dass »kein seelischer Wert verschwinden kann, ohne durch ein Äquivalent ersetzt zu werden« (GW 10, § 175).

Wird Libido aus dem Bewusstsein abgezogen, so muss sie demnach in einer Aktivität des Unbewussten wieder auftauchen. Das bedeutet: Verschwindet Energie an einer Stelle des psychischen Systems, so ist sie an einer anderen Stelle wieder zu suchen und auch zu finden.

> **Energieverlust im Ich-Bewusstsein**
> Ist jemand durch Ängste, Dauerstress oder durch starke Abwehr und Verdrängung von Schatteninhalten in einer Lebenssituation überfordert, kann es dazu kommen, dass die Energie vom Ich-Bewusstsein ins Unbewusste abfließt. Sie kann dann dort Komplexinhalte oder die archetypische Ebene beleben, was zum Aufsteigen von energetisch aufgeladenen Bildern führen kann. Jedenfalls sind somit die Libidokräfte ins Unbewusste gewandert, sind also konstant weiter vorhanden.

Auch in der heutigen Verhaltenstherapie geht man davon aus, dass z. B. ein Symptomverhalten nur dann aufgegeben werden kann, wenn (dies kann ja nur energetisch vonstatten gehen) an einer anderen Stelle neue Verhaltensweisen aufgebaut wurden.

Auch die Idee der Seelenwanderung nach dem Tode kann mit dem Prinzip der Energieäquivalenz oder Energiekonstanz veranschaulicht werden. Jung sagt dazu, dass die Idee der Energieerhaltung ein urtümliches Bild sein muss, das seit jeher im kollektiven Unbewussten schlummert. Er geht davon aus, dass die Menschen schon immer wussten, dass seelische Energie von einem Ort zum andern wandert und dass sie, irgendwo abgezogen, sich an einer anderen Stelle wieder festmacht (vgl. GW 7, § 108).

Auch das Entropie-Prinzip wird von Jung auf psychische Vorgänge angewendet.

> **Entropieprinzip (oder das Prinzip der Gegensatzspannung)**
> Energie kann nur so lange fließen, wie eine Gegensatzspannung vorhanden ist. »Das Leben als ein energetischer Prozess bedarf der Gegensätze, ohne welche Energie bekanntlich unmöglich ist«, so Jung. »Die Gegen-

> satzspannung, welche Energie ermöglicht, ist ein Weltgesetz, passend ausgedrückt durch das Yang und Ying der chinesischen Philosophie« (GW11, § 291).

Auf die psychische Dynamik angewendet heißt das: Kann die Spannung (oder der Konflikt) konstruktiv verarbeitet werden bzw. kann die Polarität ausgehalten werden, bleibt das System lebendig und schöpferisch. Wird die natürliche Polarität gestört, indem ein Pol übermäßig abgewehrt wird, kann es zu Dissoziation oder Abspaltungen mit der Möglichkeit entsprechender psychischen Erkrankungen kommen.

Auch in der Physik gilt: Je höher die Spannung ist, desto stärker ist auch die Energieumsetzung. Das bedeutet psychodynamisch: Je weiter die Spannung der Gegensätze, desto größer die daraus hervorgehende Energie; und je größer die Energie desto stärker die konstellierende, attraktive energetische Kraft.

Bei starken psychischen Energieumsetzungen kommt es auf die Dauer zur Ausgleichung der Differenzen und damit zu einer Beschränkung der Möglichkeiten weiterer Veränderungen.

Tatsächlich erlebt man oft, dass schwerste seelische Konflikte, wenn sie überwunden sind, auch eine entsprechend große Sicherheit und Ruhe hinterlassen. Oder es entsteht andererseits eine stark festgelegte Gebrochenheit, die oft kaum mehr zu heilen oder zu stören ist.

> **Ausbildung von Einstellungen**
> Einstellungen bilden sich oft nach größeren Auseinandersetzungen. Mit der Zeit gleichen sich die großen Differenzen aus. Die Einstellung ist gebildet. Dabei scheint die Stabilität umso größer zu sein, je größer die anfänglichen Differenzen waren. Eine Einstellung ist auch besonders dauerhaft, wenn sie als Folge von umfangreichen Ausgleichungen entstanden ist.
>
> So sieht man nicht selten Partnerschaften, die auf Grund von großen Auseinandersetzungen miteinander, was aber ja auch innere Gegensatzkämpfe bedeutet, zu einer engen Gemeinschaft werden. Die Tatsache der gemeinsamen spannungsreichen Erlebnisse kann stabil zusammenschmieden.

Das Entropie-Prinzip ist natürlich immer auch in psychotherapeutischen Prozessen wirksam. Aus stark erlebten Gegensatzspannungen, die sich oft noch in den therapeutischen Dialogen verstärken, entstehen auch die wertvollen und dauerhaften Erstarkungen des Ich-Komplexes.

3.4.3 Verlagerungen, Umwandlungen und Projektion der Libido

Infolge des natürlichen Gefälles ist die Libido fähig, zwischen den Gegensatzpolen hin- und herzufließen (vgl. Kupts-Klimpel in Müller, 2003, S. 256). Durch einen gerichteten Willensakt kann sie in eine gewollte Gegensatzposition hinübergeleitet, das heißt verlagert oder verwandelt werden. Das ist ähnlich zu verstehen wie bei Freuds Sublimierungsbegriff, wobei bei ihm die sexuelle Energie gemeint ist.

Verlagerungen und Umwandlungen

Die Verlagerung, Umsetzung, Umwandlung oder Transformation der Libido geschieht über schöpferische Tätigkeit, Bilder und Symbole. Das Symbol ist geeignet, die Libido auszudrücken und in eine andere Form überzuführen. Durch die schöpferische Tätigkeit, die sich in archetypischen Bildern und symbolischen Gestaltungen findet, wird Libido von einem instinktiven auf ein geistiges Niveau entwickelt. Es sind innere, archetypisch angelegte Möglichkeiten, welche die Transformierung der Libido von den natürlich-triebhaft bestimmten zu den geistigen Anwendungsformen ermöglicht.

> **Frühlingszeremonie der Watschandis**
> Sehr deutlich zeigt dies C. G. Jungs berühmtes Beispiel von der Frühlingszeremonie der Watschandis. Junge Männer graben ein an ein weibliches Genital erinnerndes Loch, umtanzen es und stoßen ihre Speere hinein, während sie (sinngemäß) rufen: »Keine Grube ist dies, sondern ein Genital!« (vgl. GW 8, § 83).

Hier zeigt sich laut Jung, wie die Männer ihre Triebenergie kanalisieren und durch eine magische Handlung den sexuellen Trieb auf die zu bearbeitende Erde überleiten. Das Ritual hilft, die Libido aus dem gewohnten sexuellen Ablauf in eine ungewohnte Arbeitstätigkeit umzuwandeln.

Deutlich ist, dass auch der moderne Verstand nicht nur mit bloßem Willensentschluss alle notwendigen Energien aufrufen kann, um Libido zu verwandeln. Dies geschieht aber oft durch Zeremonien und Rituale, was keineswegs veraltet ist. Auch heute werden noch immer auf diese Weise emotionale Kräfte aufgerufen, wenn Energie benötigt wird oder die disponible Energie nicht ausreicht. Wir kennen das Stoßgebet des Ängstlichen oder die Rufe und Gesänge bei Sport-Wettkämpfen. Oft werden auch bei einem Neuanfang oder am Anfang eines Weges rituell Libido-Energien aufgerufen, z. B. bei der Bekreuzigung vor sportlichen Leistungen, einer Grundsteinlegung oder dem Stapellauf eines Schiffes.

In analytischen Therapieprozessen geht es sehr wesentlich darum, Umwandlungen von Libido in Gang zu setzen. Dabei ist die Umwandlung der Libido durch Symbolarbeit ein wichtiger Bestandteil des tiefenpsychologisch-analytischen Prozesses (▶ Kap. 4, *Symbolpsychologie*).

Umwandlung von Libido
In einem Therapieprozess kann sich die Libido des Patienten zunächst zu einem alten Konfliktfeld »Mutter« zurückbewegen. Handelt es sich um einen negativ aufgeladenen Mutterkomplex, kann es zu einer ständigen und deutlich überwertigen Beschäftigung mit dem Thema Mutter kommen.

Hier nun kann sich eine Kompensation aus dem Mutterarchetyp einstellen. Dieser Prozess der Kompensation ist dann oft gut in den symbolischen Bildern der Träume zu erkennen.

Wird in der Therapie die transformierende Kraft des Muttersymbols verstanden, kann die am Mutterkomplex festhängende Libido wieder gestärkt in die Progression gehen, um z. B. wichtige Lebensaufgaben zu erfüllen (vgl. Kuptz-Klimpel in Müller, 2003, S. 256).

Problematisch kann es sein, wenn der Energiefluss im Ich-Bewusstsein zum Erliegen kommt. Bei einem solchen Energieverlust geht die Energie ins Unbewusste über und belebt dort dessen Inhalte, wie Verdrängungen, Komplexabspeicherungen und Impulse aus den Archetypen und dem Selbst.

Das Unbewusste kann so mit übermäßiger Energie belebt sein und durch die energetische Aufladung entsteht ein Eigenleben im Unbewussten. Schließlich können zwingende störende Bilder ins Ich-Bewusstsein drängen, was dann zu entsprechenden Störungen führen kann. Verhaltensstörungen oder andere problematische psychische Störungen sowie verschiedene Formen von unerwünschten Symptomen können in Erscheinung treten.

Das heißt: Bei neurotischen Störungen bis hin zur Dissoziierung bei der Psychose ist oft ein entsprechender Energieverlust im Bewusstsein zu beobachten. Dabei kann die Energiebesetzung im Unbewussten so zunehmen, dass dem Ich-Bewusstsein sehr viel Energie abgezogen wird.

Jung beantwortet die Frage, wie man eine aufgestaute Libido wieder zum natürlichen Fließen bringt mit seinen Ideen aus der Archetypenlehre. Dazu müsse, so Jung, die Reduzierung der Libido auf das Biologische, den Familienroman, das persönliche Unbewusste aufgegeben und der andere Pol des physisch-biologischen-instinkthaften Bereichs gefunden werden: der geistig-schöpferische, religiöse (der archetypische) Pol (vgl. GW 4, § 780). Im besten Falle wird dann eine solche belebende Energie aus dem archetypischen Pol der Psyche zu einem wichtigen schöpferischen Impuls für den Prozess der Individuation (vgl. Kuptz-Klimpel in Müller, 2003, S. 256).

Das Ich-Bewusstsein lässt sich energetisch aber auch ganz gewollt von den Libidokräften des Unbewussten beleben. Dies kann z.B. durch Verfahren zur Erzielung veränderter Bewusstseinszustände geschehen oder natürlich auch durch die Verfahren der Analytischen Psychologie, wo die spezifischen Methoden wie Assoziation, Introspektion, Imagination, Traumarbeit und Symbolarbeit zum Tragen kommen. Ziel der Anwendung dieser Methoden ist die Bereicherung der Ich-Instanz durch die Hebung der energetischen Kraftressourcen aus dem Unbewussten.

In besonderer Weise ereignet sich Transformation von Libido in der Beschäftigung mit religiösen Symbolen. In der Auseinandersetzung mit Vorstellungen und Phantasiebildern aus dem Bereich der Religion sowie durch Gebete und religiöse Rituale findet viel energetische Bewegung statt. Im religiösen Menschen vollzieht sich so Wandlung seiner natürlichen Energien in Richtung einer geistig spirituellen Ideen- und Vorstellungswelt.

Der Projektionsmechanismus

In der Psychoanalyse wird Projektion als ein wichtiger Abwehrmechanismus verstanden, hinter dem sich Verdrängtes verbirgt. Projektionen sind aber in der Analytischen Psychologie nicht generell etwas Pathologisches, sondern zuerst einmal etwas ganz Normales. Für Jung ist sie ein grundlegender psychischer Prozess, nicht nur ein Abwehrmechanismus.

Projizieren
ist das Hinausverlagern unbewusster Inhalte in die Außenwelt, die als den anderen Menschen oder Dingen zugehörig wahrgenommen und zunächst nicht als Eigenes erkannt werden (vgl. Adam, 2006, S. 71).

Oft sind es die Schattenprojektionen, die in manchmal teuflischer Weise negative Abläufe veranstalten. Oder aber es sind die brauchbaren Energien im Schatten, die unnötig und oft schädlicherweise dort »gebunkert« sind und über die Projektion ins gelebte Leben drängen.

> **Meine eigene Aggressivität**
> ist mir nicht bewusst und ich erlebe sie projektiv am anderen. Dabei kann es sich um destruktive Aggressionen handeln oder aber auch um aggressive Dynamik, die im Sinne von aggredi – an etwas herangehen – positive Möglichkeiten des Projizierenden beinhaltet.

Bei der Projektion ist ein unbewusster Inhalt energetisch angeregt oder aktiviert (sei es durch äußere Auslöser, Triebstau, entwicklungsbedingt oder durch archetypische Impulse). Dadurch drängt der Inhalt ins Bewusstsein. Wenn er nicht auf unmittelbarem Wege dorthin gelangen kann, wird er zuerst projiziert. Somit ist die Projektion sozusagen »ein Umweg über andere«, um Kenntnis vom eigenen Unbewussten zu erhalten. Wir erfahren unser Unbewusstes somit häufig zuerst einmal via Projektion (vgl. Adam, 2006, S. 71).

> **Abwehrmechanismus im Spiel**
> Wenn ein sexuell enthaltsamer Mensch seine eigenen sexuellen Wünsche bewusst nicht wahrnimmt, kann er sie projektiv an anderen z. B. sexuell attraktiven Menschen sehen. Ist der Abwehrmechanismus im Spiel, werden diese mit Projektionen belegten Menschen abgewertet. Es sind also oft verdrängte Impulse, Wünsche und Sehnsüchte, die aus dem persönlichen Unbewussten hochdrängen und ins gelebte Spiel des Lebens wollen.

Aber nicht nur Verdrängtes wird projiziert, sondern alle Inhalte des Unbewussten, die eine Tendenz zum Bewusstsein haben. Also können sich auch unbewusste archetypische Inhalte oder Elemente des kollektiven Unbewussten in die Außenwelt projizieren. Auch dazu ein Beispiel:

> **Konfliktfeld Mutterkomplex**
> Eine Frau leidet unter den negativen Inhalten ihres Mutterkomplexes. Sie findet in einer Boutique einen warmen Wintermantel. Sie kauft den

> sehr teuren Mantel. Auf diesen werden von ihr spontan archetypische – warme – positive mütterliche Gefühle projiziert, was in der Folge positive Auswirkungen auf ihre elementaren Gefühle bezüglich des Konfliktfeldes Mutter hat.

Es lassen sich archaische Projektion, passive und aktive Projektion unterscheiden. Die passive Projektion ist die gewöhnliche Form vieler alltäglicher Projektionen. Sie geschieht ohne Absicht, ganz automatisch. Ebenso passiv geschehen die pathologischen Projektionen. Eine besondere Form der passiven Projektion ist die archaische Projektion. Sie findet in einer primären Unbewusstheit statt. Es besteht dabei eine archaische Identität von Subjekt und Objekt (man setzt voraus, dass die Welt so ist, wie man sie erlebt). Dazu schreibt Jung:

> »Es ist das Natürliche und Gegebene, dass die unbewussten Inhalte projiziert sind. Das schafft beim relativ primitiven Menschen jene charakteristische Bezogenheit auf das Objekt, die Lévy-Bruhl treffend als mystische Identität oder mystische Partizipation bezeichnet hat« (GW 8, § 507).

Die aktive Projektion ist dagegen ein wesentlicher Bestandteil des Einfühlungsaktes. Sie ist notwendig, um sich in den anderen einfühlen zu können (vgl. GW 6, § 871).

Vorläufig können wir Folgendes zusammenfassen:

Die Projektion ist ein hilfreicher energetischer Vorgang, um verdrängte oder neue unbewusste Elemente aus »sicherer Entfernung« kennenzulernen (vgl. Adam, 2006, S 72).

Negativ wirken Projektionen dann, wenn die projizierten Inhalte womöglich draußen am Objekt bekämpft werden oder eine Emanzipation von den Personen verhindern, die Träger von Projektionen sind.

In der analytischen Psychotherapie werden in der Projektion auftauchenden Symbole (Erkennen von Symbolhandeln oder Symbole, die in Träumen auftauchen) über Symbolarbeit bewusst gemacht und wenn möglich ins gelebte Leben integriert.

> **Motorradfreak**
> Jemand beschäftigt sich intensiv mit Motorrädern. Die PS-Kraft der Motorräder symbolisiert Kraft und Aktivität. Über die Begeisterung für die Motorräder ist er per Projektion libidinös mit Dynamik, Vitalität und Aktivität beschäftigt. Die Beschäftigung aus der Entfernung kann eine

> Vorbereitung für die Wahrnehmung der eigenen Vitalität und deren Einbringung ins gelebte Leben sein.

Jung ist der Ansicht, dass der Mechanismus der Projektion grundsätzlich sehr hilfreich ist.

> »Solange also das Lebensinteresse, die Libido, diese Projektionen als angenehme und nützliche Brücken zur Welt gebrauchen kann, solange bilden die Projektionen auch eine positive Erleichterung des Lebens« (GW 8, § 507).

Aber sie können genauso zur Entwicklungsbremse werden. Projektionen können eben auch als denkbar größte Hemmnisse jede wahrhaftige Befreiung von früheren Objekten verhindern. Jung:

> »Es tritt dann das charakteristische Phänomen ein, dass man sich bemüht, das frühere Objekt möglichst zu entwerten und herunterzumachen, um nämlich die Libido davon loslösen zu können« (GW 8, § 507).

3.4.4 Signale aus dem Selbst

Bei Jungs Libido-Modell ist immer ein zentraler, steuernder Faktor, das Selbst, mitgedacht, der die entsprechenden Energietransformationen veranlasst. Man stellt ihn sich sowohl allgemein dynamisch als auch individuell vor. Der Archetypus des Selbst ist somit immer wirksam. Er ist so etwas wie eine Grundursache für die Selbstregulierung der Psyche.

Verena Kast spricht vom Selbst als dem geheimen »Spiritus rector«, dessen Signale oder Impulse Einseitigkeiten in der Persönlichkeit kompensieren, wodurch eine Regulation der Integrität der Gesamtstruktur der Persönlichkeit zustande kommt (vgl. Kast, 1990, S. 134).

Wenn die Regulationsimpulse aus dem Selbst erkannt und verstanden werden (z. B. durch Verstehen der Traumbotschaften) lassen sich Veränderung im Verhalten oder den Lebensplänen initiieren. Ein neu anzustrebendes Gleichgewicht kann reibungsloser hergestellt werden.

▶ Mehr dazu in Kapitel 7, Frage 6: Wie reguliert sich meine Psyche?

Symbole »sind nur Anspielungen, sie deuten auf etwas hin, sie stammeln, und oft gehen sie in die Irre. Sie versuchen nur, in eine bestimmet Richtung zu weisen, nämlich zu jenen dunklen Horizonten, hinten denen das Geheimnis des Seins verborgen ist.« (Briefe III, S. 16)

4

Symbolpsychologie

4.1 Was ist (bedeutet) ein Symbol?

Symbolen begegnen wir überall. Es sind Sinnbilder, die häufig aus bildhaften, visuellen Ausdrucksformen bestehen. Aber sie können auch eine Tonfolge, ein Wort, eine Geste, ein Geruch, eine Körperwahrnehmung oder eine Berührung sein (L. Müller in Müller, 2003, S. 400). Symbole können sich sowohl im Bild, im Tanz, in der Malerei oder in Wortbildern zeigen. Wir können Symbole in den Darstellungen der Weltkultur ebenso entdecken wie in der Kunst aller Zeiten.

Symbol
»symballein« (griech.) bedeutet »Erkennungszeichen«.
  In der Analytischen Psychologie wird davon ausgegangen, dass bei der Symbolbildung verschiedene Aspekte einer Sache miteinander verbunden und verwickelt werden. Damit bekommen sie einen Sinn, der durch

> das Wesen der Einzelgebilde nicht zu erkennen ist. (vgl. L. Müller in Müller, 2003, S. 399)
>
> Bei Dorst ist ein Symbol ein Bedeutungsträger, ein Sinnbild. Es entsteht, indem ein äußeres Objekt mit einem geistigen Inhalt, einem Sinn und einer Bedeutung zusammengebracht wird (vgl. Dorst, 2007, S. 19f.).
>
> Abzugrenzen sind das Zeichen und die Allegorie. Wie Jung formuliert: »Unter Symbol verstehe ich keineswegs eine Allegorie oder ein bloßes Zeichen« (GW8, § 644). Eine Zeichenbedeutung (semiotische Bedeutung) wäre z. B. dann gegeben, wenn beim Verkauf eines Grundstücks »symbolisch« ein Stück Rasen übergeben wird. Bei der Allegorie handelt es sich um die absichtliche Umgestaltung einer bekannten Tatsache, z. B. bei politischen Karikaturen.
>
> Symbolisch im eigentlichen Sinne ist ein Ausdruck dann, wenn er die bestmögliche – und daher zunächst gar nicht anders klar oder charakteristisch darzustellende – Formulierung einer relativ unbekannten Tatsache ist. »Lebendige Symbole« sind diejenigen, die bei den Menschen auf Resonanz stoßen. Diese sind Ausdruck eines sonst nicht besser zu kennzeichnenden Sachverhaltes. Oft wird etwas schwer Ausdrückbares oder Unaussprechliches symbolisch auf unübertreffliche Weise verdeutlicht oder dargestellt.

C. G. Jung weist den Symbolen die Fähigkeit zu, umfassende Inhalte darstellen zu können, auf eine weitergehende Weise als dies anderen menschlichen Darstellungssystemen möglich ist. »Ein Symbol umfasst nicht und erklärt nicht, sondern weist über sich selbst hinaus auf einen noch jenseitigen nicht fassbaren, dunkel geahnten Sinn, der in keinem Worte unserer derzeitigen Sprache sich genügend ausdrücken könnte« (GW 8, § 644).

Damit besitzen die Symbole die Fähigkeit, nicht nur Eindeutiges und Faktisches »zur Sprache« bringen zu können, sondern auch alle vieldeutigen und unbestimmten Sachverhalte aus der Komplexität des Lebens. Diese können im Symbol klarer als mit dem differenziertesten Begriff dargestellt werden. Aber die Bedeutung der Symbole ist daher auch wenig fassbar (L. Müller in Müller, 2003, S. 400). Jung sagt, Symbole seien »Anspielungen, sie deuten auf etwas hin, sie stammeln, und oft gehen sie in die Irre.« Teilweise sind sie sogar unzulängliche oder zweifelhafte Versuche, das Unaussprechliche auszudrücken (*Briefe III*, S. 15 f).

Grundsätzlich kann man sagen, dass das lebendige Symbol oft verschiedene, nicht selten gegensätzliche Aspekte einer Sache sinnvoll miteinander verbindet. Zudem sind Symbole für uns eine unerschöpfliche Quelle für vielversprechendes Neues.

4.2 Symboltheorie der Analytischen Psychologie

Die Psyche produziert ständig Bilder. Für die Analytische Psychologie C. G. Jungs sind diese Bilder von besonderer Bedeutung, da sie uns bewegen und unser Denken, Fühlen, Empfinden und Intuieren lenken können. Daher bemüht sich die Analytische Psychologie intensiv um diese inneren Bilder des Menschen, die Ausdruck einer spezifisch menschlichen Fähigkeit zur Symbolisierung sind.

Die hirnphysiologischen Grundlagen der Bildprozesse werden von modernen Hirnforschern als neuronale Verschaltungsmuster beschrieben. Die inneren Bilder sieht beispielsweise der Neurobiologe Hüther (2004, S. 43) immer auch als einen Leben generierenden Prozess.

Jung unterscheidet das Phantasma, d. h. den entsprechenden Vorstellungskomplex von der eigentlichen imaginativen Tätigkeit, der Phantasie. Die Phantasie ist, so Jung, »die Selbsttätigkeit der Seele, die überall durchbricht, wo die Hemmung durch das Bewusstsein nachlässt oder überhaupt aufhört, wie im Schlaf« (GW 16, § 125).

Damit ist die Phantasie der Motor, durch den die inneren Bilder entstehen. Für Jung entwickeln sie sich aus einer innerseelischen, unbewussten Energie heraus, die sich dem Bewusstsein dann in Bildform präsentiert. »Die Phantasie als imaginative Tätigkeit«, so Jung, »ist für mich einfach der unmittelbare Ausdruck der psychischen Lebenstätigkeit, der psychischen Energie, die dem Bewusstsein nichts anderes als in Form von Bildern oder Inhalten gegeben ist, wie auch die physische Energie nicht anders in Erscheinung tritt, denn als physischer Zustand, der die Sinnesorgane auf physischem Wege reizt« (GW 6, § 869).

Dieser Prozess ist als vitaler Prozess unabdingbar mit dem Leben verbunden, d. h. jeder Mensch produziert permanent diese Bilder. Als vitaler Prozess ist dies nach Jung ein Ausdruck des Wirkens innerer Kräfte, d. h. ein energetischer Vorgang. Jung formuliert:

> »Wie jeder physische Zustand energetisch betrachtet nichts anderes ist als ein Kräftesystem, so ist auch ein psychischer Inhalt nichts anderes – wenn energetisch betrachtet – als ein dem Bewusstsein erscheinendes Kräftesystem. Man kann daher von diesem Standpunkt aus sagen, dass die Phantasie als Phantasma nichts anderes

ist als ein bestimmter Libidobetrag, der dem Bewusstsein niemals anders erscheinen kann als in der Form des Bildes [...] Das Phantasieren als imaginative Tätigkeit ist identisch mit dem Ablauf des psychischen Energieprozesses« (GW 6, § 869).

Im Unterschied zu Freud, für den die Phantasie eher einen leicht pathogen werdenden, regressiven und der Entwicklung nicht dienenden Prozess darstellt, entdeckt Jung gerade in den Phantasien die konstruktiven Entwicklungsimpulse, aus denen die zu einer neuen Bewusstseinseinstellung notwendigen Inhalte abgelesen werden können.

Diese Formulierungen stellen gleichzeitig die theoretische Grundlage der Methode der aktiven Imagination wie auch der Traumdeutung dar (▶ Kap. 5.1).

4.2.1 Der energetische Charakter des Symbols

Wie schon beschrieben, kann das Symbol nicht vom Bewusstsein erdacht werden. Es setzt sich immer aus bewussten und unbewussten seelischen Faktoren mosaikartig zusammen. Man könnte sagen, dass das Unbewusste über Symbolchiffren Botschaften an das Bewusstsein sendet. Somit kann man das Symbol als einen bedeutungsschwangeren, energetisch wirksamen Sachverhalt ansehen.

Wie kommen die Symbolbildungen energetisch zustande?

Die energetische Aufladung des Symbols entsteht im dynamischen Energiefeld der unbewussten Psyche. Es ist dadurch selbst ein dynamisches Gebilde, das man sich als ein Kraftzentrum vorstellen kann, in dem gegensätzliche dynamische Impulse im Sinne einer Gegensatzvereinigung zusammengebracht wurden.

Dazu meint Jung, dass ein gewisses Quantum an Energie im naturgemäßen Ablauf der Psyche übrig bleibt. Aus diesem Libidoüberschuss ergeben sich dann die Symbole. Besonders eindruckvoll ist dies bei den religiösen Symbolprozessen und Handlungesymbolen wie Riten und Zeremonien zu sehen. Im rituellen und zeremoniellen Tun ist viel Libidoenergie vorhanden. Sie ergreift die Menschen und motiviert sie zur persönlichen und kulturellen Weiterentwicklung.

Symbole sind demnach Manifestationen und Ausdruck eines Libidoüberschusses. Die Symbolbildung ist aber als Kulturtätigkeit im Gegensatz zu den gesetzmäßig ablaufenden instinktiven menschlichen Funktionen zu sehen (vgl. GW 8, § 91).

Das Symbol bezeichnete C. G. Jung auch als »Libidogleichnis«. Die Energie wird symbolisch in Vorstellungen dargestellt, wodurch die Libido in eine andere Form als die ursprüngliche überführt wurde. Somit sind die Symbole im eigentlichen Sinne Energietransformatoren des psychischen Geschehens. Sie sind Projektionsträger für unbewusste Inhalte des Unbewussten (vgl. GW 8, § 92).

Wie wirken Symbole?

Als ein energetisch-dynamisches Gebilde sind Symbole auch ein Kraftzentrum. Dabei haben sie Ausdrucks- und Eindruckscharakter zugleich. Sie drücken bildhaft innerpsychisches Geschehen aus und beeindrucken andererseits als Symbolbild die Persönlichkeit. Damit treiben sie den Strom des psychischen Ablaufs weiter.

> **Bildnerische Symbolsprache**
> Jeder, der gestaltend oder malend innere Impulse nach außen bringt, spricht meist in bildnerischer Symbolsprache. Er drückt sich also in Symbolen aus, die auch von denen, die diese Bildsymbole aufnehmen, zumindest unbewusst verstanden werden können. Andererseits wirken die betrachteten symbolischen Darstellungen auf unsere Psyche.

Symbole als Träger der Energie besitzen entsprechende begleitende Affekttönungen. Sie können Angst, Unheimlichkeit, Freude, Begeisterung, Numinosität, Verwunderung usw. auslösen. Dabei entfalten sie häufig eine Wirkung, die mit starken emotionalen Reaktionen verbunden ist, die nicht rational zu erklären und damit häufig nicht einfach zu verstehen sind.

> **Zwei symbolische Traumbilder**
> Eine Künstlerin träumte von einem großen fliegenden Fisch. Er hatte Flügel. Eine Pfarrerin träumte von einem Schwan, der ein Huhn auf seinem Rücken trug.

Die transzendente Funktion des Symbols

Symbole besitzen eine transzendente Funktion. Wobei dies hier keine metaphysische Qualität bezeichnet, sondern die Fähigkeit, Gegensätze zu verbinden. Jacobi sieht »die transzendente Funktion als die Gegensatzpaare im

Symbol zu einer Synthese vereinigenden Fähigkeit der Psyche« (Jacobi, 1957, S. 114).

Nach Jung ist das Symbol »weder das Eine noch das Andere, sondern das unbekannt Dritte, das sich mehr oder weniger treffend durch alle diese Gleichnisse ausdrücken lässt, das aber (was für den Intellekt stets ein Ärgernis bleiben wird) unbekannt und unformulierbar bleibt« (GW 9/1, § 267).

Die Herstellung ausgleichender Übergänge (eben seine transzendente Funktion) ist Voraussetzung für eine *Heilkraft der Symbole*. In einem Prozess des Verstehens kann sich jeder Zugang zu dieser heilenden Kraft der Symbole verschaffen: Wenn die Energie des unbewussten Inhalts emotional empfunden und gestaltet ist, sowie auch der Sinn verstanden ist, kann eine innere Auseinandersetzung zwischen dem Ich-Bewusstsein und dem Unbewussten zum Tragen kommen. Unter der Führung des Ichs kann dann das spannungsvolle Hin und Her zwischen Argumenten und Affekten zu einem dritten, neuen inneren Standpunkt führen. Hier hätte dann die transzendente Funktion die Eigenschaft bewiesen, dass sie innere Gegensätze einander annähern kann.

Die transzendente Funktion ist somit ein Selbstregulativ innerhalb der menschlichen Psyche. Sie ist insbesondere eine Selbstheilmöglichkeit im therapeutischen Prozess, wodurch der Patient nicht abhängig vom Therapeuten wird, sondern erkennt, dass in ihm, durch die transzendente Funktion, die Überwindung spannungsreicher Gegensätze möglich ist. Die Geburt des dritten Standpunktes in der eigenen Psyche, dargestellt durch ein Symbol, ist dann ein neues energetisches Potential, das den Lebensfluss wieder anregen kann.

4.2.2 Der Archetypus spricht Symbolsprache

Vor allem die archetypische Tiefenschicht in uns spricht in Symbolbildern, die wichtige neue Impulse liefern können. Die Zuwendung zum in Bildern sprechenden Unbewussten führt zumeist zu der Feststellung, dass man so zu einer schier unerschöpflichen Quelle von vielversprechendem Neuem vorstößt. Daniel spricht von archetypischen Signaturen. Die Formenvielfalt und der Formenreichtum der archetypischen Bilder seien unendlich groß. »Sie umfassen teriomorphe, göttergestaltige und abstrakte Symbolgestalten« (Daniel, 1993, S. 21). Dabei sind die archetypischen Inhalte stets Umkreisungen eines zentralen Kerns, der selbst nicht bewusstseinsfähig ist.

Gleichen oder ähnlichen emotionalen Verbildungen begegnen wir in archetypischen Bildern und *Darstellungen der Weltkultur*. Auch in der Kunst aller Zeiten haben die Menschen ihre Phantasien, Imaginationen und Bilder aus Träumen dargestellt. Darin können wir immer wieder seelenverwandte Emotionen erkennen. Unsere innere Resonanz auf künstlerische Produkte (auch in der Musik) ist umso größer, je deutlicher die archetypische Dimension im Dargestellten zum Ausdruck kommt.

Archetypisches Menschheitswissen können wir aber auch in Märchen und Mythen erkennen, wo uralte Menschheitserfahrungen erzählt werden. Außerdem sind auch die religiösen und gesellschaftlichen Rituale Produkte aus dem menschlichen Unbewussten. Insbesondere in den vier großen Weisheitsbücher der Menschheit – die Bibel, der Koran, I Ging und die Bagwagita – können wir allgemeingültige inneren Weisheiten erkennen. Ein »inneres Mitgehen« beim Vollzug von Ritualen bedeutet eine Begegnung mit archetypischen Emotionen im eigenen Inneren.

Diese Art der Begegnung und Auseinandersetzung mit der Fülle der Weltkultur bedeutet immer auch eine Förderung der eigenen Individuation. Die innere Resonanz auf diese emotionalen Verbilderungen regen zu eigener Phantasietätigkeit an und somit werden die schöpferischen Impulse für den Individuationsweg gefördert.

Was sind archetypische Bilder und Symbole?

C. G. Jung geht davon aus, dass die Archetypen »... Niederschläge stets sich wiederholender Erfahrungen der Menschheit ...« sind (GW 7, § 109).

Dorst hält die folgende Definition bereit: »Kurz gefasst sind Archetypen also ein Bereitschaftssystem der Psyche im Bereich des kollektiven Unbewussten, welches die Fähigkeit besitzt zum Hervorbringen innerer Bilder und Symbole, die energetisch geladen sind und mit einer gewissen Eigenständigkeit wirksam werden können« (Dorst, 2007, S. 24).

Der Hirnforscher Gerhard Hüther ist der Überzeugung: »Von allen Lebewesen, die im Lauf der letzten Jahrmillionen auf der Erde entstanden sind, ist der Mensch die einzige Lebensform, der es gelungen ist, einen ständig sich vergrößernden Schatz an selbst entworfenen Bildern über die Beschaffenheit der Welt und über seine eigene Beschaffenheit anzusammeln und von einer Generationen zur nächsten weiterzugeben« (Hüther, 2004, S. 30).

4.2.3 Körpersymptome symbolisch verstehen

Da nicht nur Bilder im engeren Sinn zu den Symbolen gerechnet werden, können beispielsweise auch bei Erkrankungen die psychogenen körperlichen Symptome als Symbolbildungen angesehen werden. Versteht man Krankheit als dynamisches Ungleichgewicht, so kann bei Veränderungen, Einbruch von Neuem oder bei Lebensübergängen das selbstregulierende System der Psyche gestört sein. Verena Kast sieht Symptome beim Auftreten von Stregulationsstörungen auf verschiedenen Ebenen: im Körper, in der Psyche oder in Reaktionen auf die Umwelt (Kast, 1990, S. 165). So kann eine körperliche Symptomatik, z. B. eine Krankheit, symbolisch gesehen zeigen, dass das selbstregulierende System versagt.

Bei C. G. Jung finden wir, dass Symbolbildung oft mit psychogenen körperlichen Symptomen verbunden ist (Kast, 1990, S. 164). Den psychosomatisch Kranken könnte man also als jemanden ansehen, der sich auf sehr unbewusste Weise im körperlichen Symptom symbolisch ausdrückt.

Für den therapeutischen Umgang mit Körpersymptomen empfiehlt Verena Kast (1990, S. 170) die gleichen Schritte des Umgangs wie beim Symbolverstehen. »Das Symbol muss zunächst wahrgenommen werden, auch emotional wahrgenommen werden, dann gehen wir zur Gestaltung und zur Deutung.«

> **Kopfschmerz**
> Viele Menschen klagen über Kopfschmerzen, die sich in Verbindung mit Stress oder intensiven Verspannungen einstellen. Oft stellt sich diese Art von psychosomatischem Kopfschmerz immer dann ein, wenn eine notwendige Selbstfürsorge und Achtsamkeit ausfällt.

Wir finden aber auch bei Verena Kast einen wichtigen Hinweis auf die Gefahren, die mit einer schnellen und einseitigen Symboldeutung bei Krankheiten einhergehen können:

»Es verhält sich also nicht so, wie man lange gedacht und gesagt hat: ›Weil ich (z. B.) psychisch etwas nicht zulasse, werde ich körperlich krank.‹ – Weiter führt sie aus: »Krankheit gehört zum Menschen.« – »Dies revidiert die Schuldidee.« – Wir alle »können krank werden, wenn Leben in Situationen hineinkommt« (Kast, 1990, S 164).

4.3 Symbole verstehen und nutzbar machen

Wir kennen das Sprichwort: »Ein Bild sagt mehr als tausend Worte«, das darauf hinweist, dass Bilder vielschichtigere Botschaften übermitteln können als das geschriebene oder gesprochene Wort. Wie aber diese Bildsprache funktioniert, wie sie entschlüsselt werden kann, erschließt sich nicht jedem unmittelbar. Das Entschlüsseln ist aber nach Ansicht der Analytischen Psychologie der erste Schritt, um von den Botschaften für die Individuation profitieren zu können. Der Dialog mit der eigenen Innenwelt stellt Menschen, die sich auf dem bewussten Individuationsweg befinden, vor eine besondere Aufgabe: Die Seele bedient sich einer Symbolsprache. In den Phantasien, Träumen, unbewusst gestalteten Bildern und anderen Ausdruckformen des Unbewussten zeigen sich viele Symbolbildungen, die für das moderne Bewusstsein zuerst einmal übersetzt werden müssen.

»Die Symbolsprache ist meist eine Bildsprache, eine Art Ur- oder Gleichnissprache, die zu übersetzen wir erst wieder erlernen müssen«, meint Jung. Und er ist der Ansicht, dass diese Sprache ein »archaisches Relikt« sei (GW 8, § 475).

Dass das Symbol mit einer eindimensionalen Deutung nicht zu erfassen ist, wurde schon mehrfach erwähnt. Dabei kann die spezielle eigene Logik der symbolischen Bilder feine Bedeutungsnuancen wiedergeben, was eine vergleichsweise ungenaue verbale Formulierung nicht vermag. Die bewussten Vorstellungen und die unbewussten seelischen Inhalte der Innenwelt vereinigen sich zu einem symbolischen Ausdruck. Oft ist in solchen Symbolen bereits das Neue als schöpferisches Drittes zu sehen.

Die schöpferische Wirklichkeit sichtbarer Symbolmanifestationen ist rational oft nicht leicht oder gar nicht erfassbar. Die Verschlüsselung, deren Sinn in einer vom Unbewussten her initiierten Schutzbereitschaft zu sehen ist, hat wohl den Sinn, das Bewusstsein davor zu schützen, zu einem falschen Zeitpunkt seinen bisherigen Standpunkt bewusstseinsmäßig zu erweitern.

> **Beispiele für Symbolsprache in Träumen (aus K. U. Adam, unveröffentl. Manuskript)**
> *Symbolik der Struktur der Psyche*: So kann z. B. in einem Traum mein Haus mit seinen verschiedenen Stockwerken unterschiedliche Bereiche meiner Psyche darstellen. Die Dachstube steht für mein Denken, im Keller könnten die Inhalte meiner unbewussten Komplexe liegen.

Symbolik der Dynamik der Psyche: Ein geträumter Flusslauf könnte z. B. je nach Richtung eine progressive oder regressive Dynamik darstellen.

Tiersymbolik: Insbesondere Tiere, z. B. Hunde, Löwen, Pferde, können in Träumen emotionale, instinktive oder »animalische« Impulse verdeutlichen, wobei die persönliche Bedeutung durch die vieldeutige Symbolbedeutung des spezifischen Tieres ergänzt werden kann.

Farbsymbolik: Die emotionale Wirkung von verschiedenen Farben ist allgemein bekannt. Zum Beispiel Rot, Blau, Gelb oder Grün haben je nach Ton eine unterschiedliche Bedeutung.

Zahlensymbolik: Oft haben Zahlen symbolisch eine ganz besondere persönliche Bedeutung. Darüber hinaus haben z. B. die Zahlen 1 bis 4 als Symbole eine für viele Menschen faszinierende archetypische Qualität.

Wandlungssymbolik: Feuer, Tod und Zerstörung können z. B. in Träumen Veränderung und damit auch die Voraussetzung für Neuanfänge darstellen.

Selbstsymbolik: Bedeutende Ganzheitssymbole sind z. B. das Kreuz und das Mandala. Sie weisen symbolisch auf Vollständigkeit hin, können auffordernd und beruhigend wirken.

Religiöse Symbolik: So weisen z. B. geträumte Gotteshäuser auf spirituelle Themen hin.

4.3.1 Wie sich die Bedeutung der Symbole erkennen lässt

Grundsätzlich ist das Wissen um die Vieldeutigkeit des Symbols die erste Voraussetzung für einen sinnvollen Umgang mit Symbolen. Nur mit dieser Haltung kann Symbolverstehen zur Erlebnis- und Erkenntnisbereicherung führen.

Die Vieldeutigkeit von Symbolen kann durch die Sterngrafik verdeutlicht werden. Jede Zacke des Sterns steht für eine Bedeutungsfacette des betrachteten Symbols (▶ Abb. 4.1).

Beim Verstehen der Symbolik gilt zudem immer: Die persönliche Sichtweise des Menschen, der ein Symbol erlebt oder sich damit beschäftigt, ist stets mit einzubeziehen. Seine Beteiligung an der Suche nach der Symbolbedeutung und seine subjektive Sicht ist für das Verstehen des Symbols äußerst wichtig. Zudem bedarf es natürlich bestimmter Kenntnisse über allgemeine und spezifische Symbolik sowie einer Einübung in das symbolische Denken, um die Symbolsprache angemessen verstehen zu können.

4 Symbolpsychologie

Abb. 4.1: Sterngrafik

Mögliches Vorgehen bei der Symbolerfahrung und -deutung
Verena Kast (1990, S. 170) schlägt vor:
emotional wahrnehmen – gestalten – deuten

Brigitte Dorst (2007, S. 29ff.) entwickelt fünf Phasen:

1. Sich einstimmen, in Gefühlskontakt treten mit dem Symbol
2. Erkunden des Bedeutungsfeldes des Symbols
3. Kreatives Erfahren und Gestalten
4. Deutung, Einsicht, Erkenntnis
5. Transfer, Alltagsbezug

Mein Vorschlag (Schnocks) zum Ablauf des Symbolverstehens:

1. Bearbeitung der persönlichen Bedeutung durch Kontextaufnahme
2. freies und/oder fokussiertes Assoziieren
3. Erkundung der kollektiven Symbolbedeutung

Die persönliche Bedeutung erkunden

Oft ist ein Symbol spontan mit einer Bedeutung verbunden. So kann eine bestimmte Emotion oder ein ganz persönlicher Bezug oder eine Bewertung durch die Begegnung mit meinem Symbol auftreten. Es ist wichtig, diese persönliche Bedeutung zu erkennen, da die gefühlsmäßige Einstellung bei der weiteren Arbeit am Symbol stark davon bestimmt sein kann.

Freies und/oder fokussiertes Assoziieren

Mit beiden Vorgehensweisen kann man sich über den bewussten persönlichen Bezug hinaus dem Bedeutungsfeld eines Symbols nähern. Das freie Assoziieren ist eine gute Möglichkeit, um Einfälle aus dem Unbewussten zum jeweiligen Symbol hochkommen zu lassen. Die Wirkungen des Symboleindrucks kommen ins Bewusstsein, was dann wiederum dem Verständnis des Symbols dienen kann.

Kollektive Symbolbedeutungen erkunden

Eine große Bereicherung kann es sein, zu erkunden, was man in unserer Kultur oder aber auch in anderen Kulturen in einem bestimmt Symbol sieht oder gesehen hat und wie man es versteht. Hilfen können beispielsweise Symbollexika bieten, die aber Symbolbedeutungen oft nur stichpunktartig auflisten. Es besteht hier die Gefahr, dass die Symbolbedeutungen wie ein Mirakel genutzt werden und die Symbole als feste Zeichen missverstanden werden.

Hilfreicher sind daher die neueren Symbollexika, in denen zu jedem Symbol eine kleine Symbolarbeit mit der jeweiligen Vielfältigkeit eines Symbols angeboten wird, z. B. das Symbollexikon von Opus Magnum (www.symbol online.de).

Amplifikation

Einen weiteren Zugang zur Bedeutung von Symbolen liefert die Amplifikation. Neben der persönlichen Bedeutung, die ein Symbol ganz persönlich haben kann und dem Sammeln von Assoziationen, liefern ja auch kollektive Bedeutungen wichtige Hinweise zum Verstehen. Es können auch erweiternde Bedeutungsanreicherungen herangezogen werden. Diese Methode wird in der Analytischen Psychologie Amplifikation genannt.

Die Vorteile formuliert Müller so: »Die Amplifikation kann dazu verhelfen, aus einer allzu egozentrischen Sichtweise herauszufinden. Sie ermöglicht, voneinander abweichende Perspektiven zur gleichen Zeit einzunehmen. Sie verbindet mit dem universalen Menschen der Vergangenheit und der Gegenwart, lässt Gemeinsamkeit, Ähnlichkeit und Verbundenheit mit dem Lebensprozess spüren« (L. Müller in Müller, 2003, S. 16).

Amplifikation

lat: amplificare = erweitern, unter verschiedenen Gesichtspunkten betrachten, anreichern, vertiefen.

Von C. G. Jung ist die Amplifikation in die Psychotherapie eingeführt worden als ein Aspekt der Deutung von Symbolen durch das Erweitern des Bedeutungsrahmens um kollektives Wissen.

Dorst hält die folgende Definition für den Begriff der Amplifikation bereit: »Hierunter versteht die Analytische Psychologie die Bedeutungsanreicherung und Erweiterung eines Symbols mit Hilfe von literarischen, religionsgeschichtlichen, kulturvergleichenden, völkerkundlichen und allgemeinen Bezügen. In einem Studium generale wird so das Bedeutungsfeld eines Symbols aufgeschlüsselt. Die Amplifikation verdeutlicht die Vielschichtigkeit und Komplexität eines Symbols und führt zum archetypischen Kern mit seinen allgemeinmenschlichen, existentiellen Themen« (Dorst, 2007, S. 31).

In Gruppenpsychotherapien findet eine Variante der Amplifikation statt. Im Erleben von Gemeinsamkeit kann sehr viel Befreiendes und Tröstendes liegen. Jung betonte immer die beruhigende Wirkung, »wenn der Patient sieht, dass er sich keineswegs allein in einer fremden Welt, von der niemand etwas versteht, befindet, sondern dass er zum großen Strom der historischen Menschheit gehört« (GW 13, § 325).

Neumann spricht davon, dass die Amplifikation natürlich auch das Gefühl der Bedeutsamkeit und Wichtigkeit erhöhen kann, was die Gefahr des »Abhebens« oder gar eine Inflation berge. (vgl. Neumann, 2004, S. 11). Deshalb ist stets die Aktualisierung wichtig, also herauszuarbeiten, welche Bedeutung das Allgemein-Menschliche im Hier und Jetzt hat. Zudem ist geboten zu prüfen, ob die Amplifikation passend und stimmig ist.

Ein gründliches Studium der Amplifikationsebenen eines Symbolausdrucks kann zu deutlich mehr Verständnis führen. Je mehr Wissen mir über geistig-seelische Aussagen der Menschengeschichte zur Verfügung stehen, umso mehr Parallelen können bedacht und in die Verständnissuche einbezogen werden.

Symbole gestalten

Grundsätzlich ist es wichtig, dass der Umgang mit den aus dem Unbewussten aufsteigenden Phantasiebildern und Symbolen möglichst *gestaltend* und *verstehend* sein sollte. Die mehr emotionale Erfassungsart beim gestalterischen Umgang muss unbedingt auch ergänzt werden mit dem bewussten verstehenden Umgang mit dem, was sich phantasiemäßig und symbolisch aufgetan hat.

C. G. Jung hat sich, wie wir durch *Das Rote Buch* wissen, sehr intensiv seinen Träumen, Fantasien und Imaginationen zu gewandt. Es ging ihm darum, die Emotionen zu finden und zu verstehen, die hinter seinen Phantasiebildern verborgen lagen. Deshalb hat er die erfahrenen Inhalte immer wieder *gestaltet*. Er hat damit versucht, die Emotionen in Bilder zu übersetzen. Im Zusammenhang mit seinen Aufzeichnungen hat er viele Bilder gemalt oder in Stein gehauen. Die konkrete Gestaltungsarbeit war für ihn dann die Gestaltung der hinter dem Symbolbild liegenden und wirkenden Emotionen des konkreten Lebens.

Es geht also bei der Förderung des eigenen Individuationsprozesses darum, die auftauchenden unbewussten Bilder und die darin enthaltenen Lebensmöglichkeiten zu verwirklichen. Jung hat uns gelehrt, dass es dazu ungeheuer hilfreich ist, die im Prozess auftauchenden imaginativen Bilder zu gestalten, sie zu malen oder sonst wie konkret, sichtbar und dadurch fassbarer zu machen.

In jedem Fall führt diese intensive Zuwendung zum eigenen Unbewussten auch zu der Feststellung, dass man in sich zu einer schier unerschöpflichen Quelle von vielversprechendem Neuem vorstößt.

4.3.2 Der therapeutische Umgang mit Symbolen

In analytischen Psychotherapieprozessen, die durch das Traumverständnis der Analytischen Psychologie Jungs inspiriert sind, wird Symbolarbeit oft zu einem wichtigen methodischen Instrument.

Bei Jung finden wir sechs Möglichkeiten, an die unbewussten Energiefelder und deren Symbolsprache heranzukommen: den Traum, die aktive Imagination, unbewusstes Malen, Gestalten, Tanz, automatisches Schreiben. In der heutigen Praxis haben sich viele Varianten dieser ursprünglichen Methoden herausgebildet.

Da es sich bei den Symbolen um stark geladene psychische Wirkfelder handelt, die als lebendige Urbilder wie starke Magnetfelder wirken können, ist für den Therapeuten ein besonderes methodisches Rüstzeug vonnöten. So Kenntnisse allgemeiner und spezifischer Symbolik, die Einübung des symbolischen Denkens, eine Schulung im Wahrnehmungsbereich für die Psyche, ein gründliches Studium der Amplifikationsebenen auf dem Hintergrund der geistig-seelischen Aussagen der Menschengeschichte. Nur mit dieser Ausrüstung wird man der *Faszination der Symbolarbeit* und auch der Gefahr einer der Identifikation mit den Symbolinhalten entgehen können. Dazu C G. Jung:

> »Unter Symbol verstehe ich keineswegs eine Allegorie oder ein bloßes Zeichen, sondern ein Bild, das die dunkel geahnte Natur des Geistes bestmöglich bezeichnen soll. Ein Symbol umfasst nicht und erklärt nicht, sondern weist über sich selbst hinaus auf einen noch jenseitigen, unfasslichen, dunkel geahnten Sinn, der in keinem Worte unserer derzeitigen Sprache sich genügend ausdrücken könnte« (GW 8, § 644).

4.3.3 Die symbolische Einstellung und ihre Gefahren

Die symbolische Einstellung ist eine bestimmte Art des Wahrnehmens und Erlebens, ein »symbolisierender Blick«, sich und die Dinge der Welt zu betrachten (vgl. L.Müller in Müller, 2003, S. 400). Ob ein Symbol wirkt oder nicht, hängt weitgehend vom jeweiligen Betrachter ab. Je nach Persönlichkeit, gesellschaftlich-kulturellem Hintergrund und Einstellung kann die gleiche Sache für den einen ein konkreter Gegenstand sein und für den anderen ein tiefes Symbol.

Die symbolische Einstellung lässt sich üben und kultivieren und ist ein wesentliches Element des Schöpferischen und Religiösen.

> »Das gibt inneren Frieden, wenn Menschen das Gefühl haben, dass sie das symbolische Leben führen, dass sie Schauspieler im göttlichen Drama sind. Das ist das einzige, was dem menschlichen Leben einen Sinn verleiht; alles andere ist banal, und man kann es beiseite lassen« (GW 18/1, § 630).

Die Arbeit mit Symbolen bietet viele Chancen und Anreize für die eigene Entwicklung. Sich jedoch zu sehr auf eine symbolische Sicht der Lebensumstände zu verlegen, kann auch Gefahren mit sich bringen.

Verwechslung von Symbolischem und Konkretem

Der Übergang zwischen symbolischen und den sogenannten »realistischen« Vorstellungen ist immer fließend. Und diese Unterscheidung muss geschärft und nicht vernebelt werden. Besonders die symbolische Sichtweise von Krankheiten kann gefährlich sein, wenn dabei ernsthafte Erkrankungen übersehen oder verharmlost werden. Zudem kann die symbolische Sichtweise hierbei zu Schuldzuweisungen führen, die das Leiden unnötig vermehren können.

Kommunikationsstörung

Wie wir wissen sind die symbolischen Begriffe immer vieldeutig. Dies ist einerseits ein schöpferisches Potential, anderseits besteht die Gefahr der Beliebigkeit. Kommuniziert man über Symbole, kann es passieren, dass man so tut, als verstünde man, hat aber doch nicht die gleiche Bedeutung des Symbols verstanden.

Chaotisierung – Regression – Fragmentierung

Eine symbolische Einstellung bedeutet oft eine höhere Sensibilisierung und Durchlässigkeit des Menschen, der sich auf Symbolverstehen und -erleben einlässt. Dies kann zu seelischer Lebendigkeit und schöpferischem Tun führen. Es ist aber auch möglich, dass die symbolische Dimension eine krankmachende Überbetonung erfährt, was oft mit einer Flucht in die Innenwelt verbunden ist. Leicht entstehen dann beispielsweise abergläubische Ängste und es kann zu einer psychischen Regression kommen. Dabei können besonders magische Erlebensformen zu einer Gefahr werden. Insbesondere dann, wenn individuelle psychische Dispositionen vorliegen. Im schlimmen Fall kann es dazu führen, dass eine Vielzahl von nicht mehr psychisch handhabbaren Symbolbildern zu Fragmentierungserscheinungen führen kann.

Der beste Schutz gegen eine solche Überflutung durch Inhalte der Innenwelt ist eine gesicherte und verantwortliche Verortung in der Außenwelt. Dies stabilisiert und »erdet« den Menschen, der sich mit Symbolik beschäftigt (vgl. L. Müller in Müller, 2003, S. 401).

4.4 Symbol und Selbst

C. G. Jung kommt zu dem Schluss, dass hinter den einzelnen aufsteigenden Symbolen aus dem Unbewussten im Grunde eine potentielle Ganzheit, ein eigentliches Wirkzentrum gesehen werden müsse. Er spricht von dem Begriff Selbst, das er als vereinigendes Symbol von Rational und Irrational, von Gut und Böse, von Unten und Oben konstelliert sieht.

C. G. Jung sieht das Selbst auch als ein wegweisendes Prinzip, das unsere Entwicklung bewirkt. Als eine Art Trieb zur Selbstwerdung ist es das eigentliche Agens des gesamten Entwicklungsprozesses, der Motor und Regulator der Individuation. Als apriorisches Gestaltungsprinzip steuert es den

Aufbau des Ich-Komplexes. Zudem sei das Selbst als Ursache für die Selbstregulierung der Psyche zu sehen. Einseitigkeiten der Persönlichkeit werden durch Impulse des Selbst kompensiert. Die Integrität der Gesamtstruktur der Persönlichkeit wird durch den Ausgleich der Einseitigkeiten reguliert.

Wenn der Archetypus des Selbst dem Menschen erfahrbar wird, stellt sich ein Gefühl der Selbstzentrierung ein. Der Erfahrende spürt, dass er absolut gemeint ist. Das Erleben des Symbols hat etwas Schicksalhaftes in der jeweiligen Lebenssituation. Die Symbole des Selbst (der Ganzheit) kommen, wie Jung sagt aus der Tiefe des Körpers, »sie drücken deshalb sowohl unsere Stofflichkeit aus als auch die Struktur des wahrnehmenden Bewusstseins« (GW9/1, § 291).

Meist erscheint das Selbst symbolisch in Darstellungen von Gegensatzvereinigungen. Vor allem wäre hier das Quaternitätssymbol anzuführen, in dem verschiedenste Gegensätze miteinander verbunden sind. Herausragend sind besonders die Mandalaverbilderungen (▶ Abb. 4.2). Je nach Entwicklungsstufe des jeweiligen Individuums jedoch zeigen sich die Selbst-Signale auch in einer gewissen Vorstufenform der Ganzheit. Deshalb spüren viele Menschen Selbst-Signale auch in theriomorpher (tierischer), in phallischer oder sonst wie gearteter Symbolik mit mehr oder weniger persönlicher Färbung.

Beispiele für Symbole des Selbst

Abb. 4.2: Kreis und/oder Mandala sind Ganzheitssymbole.

Oft steht hinter der Sehnsucht des Menschen nach *Liebe* im Grunde eine tiefe Sehnsucht nach dem Selbst. Das Erleben von Liebe, von Ganzheit, von Vereinigung der Gegensätze und der tiefe Wunsch nach Entgrenzung scheinen zutiefst vom Archetyp des Selbst motiviert zu sein.

Nicht zuletzt jedoch zeigen sich Ganzheitssymbole (besonders historisch) als Gottesbilder. Das Selbst wäre demnach »die unmittelbarste Erfahrung des Göttlichen, welche psychologisch überhaupt fassbar ist« (GW 11, § 396). In unserem christlichen Mythos ist die zentrale Symbolfigur die Selbstfigur Jesus-Christus, als Archetyp der Gottheit (▶ Abb. 4.3 + ▶ Abb. 4.4).

Abb. 4.3: Ein neugeborenes Kind, hier das göttliche Jesuskind, ist ein Urbild des Selbst (Melchior Paul von Deschwanden, 1879)[2].

---

2 © Jörgens.Mi/Wikipedia, Lizenz: CC-BY-SA 3.0,Quelle: Wikimedia Commons St._Columba_Hauptaltar_(Pfaffenweiler)_jm51552.jpg

Noch ein Zitat von Jung zum Symbolverstehen:

> Das Symbol »ist weder das Eine noch das Andere, sondern das unbekannte Dritte, das sich mehr oder weniger treffend durch alle diese Gleichnisse ausdrücken lässt, das aber (was für den Intellekt stets ein Ärgernis bleiben wird) unbekannt und unformulierbar bleibt« (GW 9/1, § 267).

Abb. 4.4: Am Portal der Kathedrale von Angers sehen wir Christus inmitten der Symbole für die vier Evangelisten.

5

Mit den Methoden der Jung'schen Tiefenpsychologie dem Inneren begegnen

Nicht nur Menschen, die in seelischer Not sind, können von einem analytischen Selbsterfahrungs- oder Therapieprozess profitieren. Ähnlich wie bei einem intensiven Training kann jeder jederzeit seine eigenen Individuationsherausforderungen auch mit professioneller Begleitung in die Hand nehmen. Dabei kann es zu weitreichenden inneren und äußeren Veränderungen kommen, d. h. Beziehungen, soziales Leben, Arbeit und Beruf, Interessen und Bedürfnisse können sich auf dem Weg des »Werde, der du bist« sehr verändern (Dorst, 2007, S. 47).

Ein besonderer Weg, um Individuation bewusst zu erfahren und zu befördern, ist die *Analytische Psychotherapie*. Hier können nicht erkannte oder nicht angenommene Individuationsimpulse, Hemmungen der Individuation, die zu seelischen Erkrankungen führten, durch eine professionelle therapeutische Unterstützung effektiv erkannt und gelindert werden. In einer analytischen Psychotherapie geht es insbesondere darum, Lebenspotentiale zu verwirklichen, die bisher eingeschränkt wurden. So können beispielsweise frühe Traumatisierungen bzw. familiäre oder kulturelle Faktoren die seelische Ganzheit beeinträchtigen und zu seelischen Störungen oder neurotischen Fehlentwicklungen führen.

Analytische Psychotherapie regt den Dialog mit dem Inneren auf ganz spezielle Weise an. Dabei kommen meist spezifische Methoden der Analytischen Psychologie zur Anwendung, die eine »schöpferische Haltung« von Therapeut und Analysand erfordern (Kast, 1990, S. 40). Aber auch in anderen Konstellationen wie in Selbsterfahrungsgruppen oder in der persönlichen Weiterbildung können diese Methoden hilfreich sein. Die Methoden sowie einzelne Möglichkeiten der therapeutischen Anwendung werden im Folgenden näher vorgestellt.

5.1 Spezifische Methoden der Tiefenpsychologie C. G. Jungs

Die Herausforderung der Individuation lautet in der Analytischen Selbsterfahrung wie auch in der Analytischen Psychotherapie: Wandle dich immer weiter, indem du immer weiter Neues aus dem Unbewussten bewusst erkennst und versuchst, es ans Bewusstsein anzuschließen. Dazu muss dieses Material zunächst aus dem Unbewussten ins Bewusstsein gelangen. Um diesen Transferprozess zu befördern, hat die Analytische Psychologie besondere Methoden zur Verfügung. Diese Methoden der Jung'schen Tiefenpsychologie sind beispielsweise die Beschäftigung mit den eigenen Träumen, aktive Imagination, das Bauen von Sandspielbildern, Malen unbewusster Bilder etc. All dies sind Möglichkeiten, die unbewussten Impulse und Bilder im eigenen inneren Seelenleben zu erreichen.

> **Tiefenpsychologische Methoden**
>
> *Traumarbeit*: Dazu werden Träume erinnert und festgehalten. Ihre Bedeutung wird dann nach den traumtheoretischen Vorstellungen Jungs herausgearbeitet. Der Grundgedanke dabei ist, dass unser Innerstes uns via Traum wichtige Botschaften zukommen lässt, *die verstanden werden wollen.*
>
> *Aktive Imagination*: Hierbei soll im Wachzustand, ohne Vorgaben und Lenkungen, ein Dialog zwischen Bewusstsein und Unbewusstem zustande kommen. Eine vorbereitende Entspannungsübung schafft die Vorausset-

zung dafür, dass innere Bilder aufsteigen können. Diese Bilder werden später berichtet und verstehend angeschaut.

Beim *unbewussten Malen* wird ohne Vorgaben und ohne bewusstes Ziel gemalt. Der Malende überlässt sich seinen spontanen Einfällen und »lässt sich malen«. Oft entstehen so symbolische Bilder.

Sandspiel (nach Dora Kalff): Hierbei wird in einem rechteckigen Sandkasten mit blauem Untergrund »gespielt« und ein Bild erstellt. Die aus dem Sand und unter Zuhilfenahme kleiner Figuren und verschiedener Materialien entstandenen Bilder, werden anschließend wie Träume behandelt.

5.1.1 Traumarbeit

Traumbilder wurden höchstwahrscheinlich zu allen Zeiten beachtet, aber unterschiedlich ernst genommen und bewertet. Heute scheint das Interesse am Traum eine Renaissance zu erleben. Aktuelles biologisches Wissen über den Traum bringt neue Erkenntnisse, die auch die Traumtheorie der Analytische Psychologie bereichern. Der Umgang der Analytischen Psychologie mit dem Traum bedeutet: Träume reflektieren. Traumerinnerung und Traumaufzeichnungen werden zur Unterstützung von psychischer Entwicklung, für künstlerische Inspiration und Auseinandersetzung mit Sinn und Spiritualität herangezogen.

Wie aber lässt sich das Traumerleben verstehen, übersetzen und schließlich nutzbar machen? Die Analytische Psychologie geht davon aus, dass Träume ihre eigene »Grammatik« haben, die nicht der sprachlichen Logik des Wachbewusstseins folgt. Sie sprechen meist in Bildern. Die Frage ist nun, wie diese Bilder entschlüsselt werden können. Hierzu wird der Traum auf zwei Ebenen betrachtet: erstens im Hinblick auf die äußeren Lebensumstände des Träumers (objektstufig) und dann als Abbild seiner inneren Realität (subjektstufig). Der Kontext, also in welchem Zusammenhang sie entstanden sind, wird mithilfe des Träumers geklärt. Und die Bilder werden symbolisch gedeutet. Zudem ist es oft hilfreich, die Dynamik, also die Bewegungen, die innerhalb des Traums stattfinden, zu beachten.

Auslöser eines Traums sind oft Tagesreste oder zurzeit relevante Themen. Angereichert wird diese mit Stoff aus den verschiedenen Schichten des Unbewussten. Alle diese Bilder werden im Traum innerpsychisch be-

und verarbeitet, sodass ein Traum daraus wird, der für uns Sinnvolles entwickelt.

Die Analytische Psychologie geht davon aus, dass Träume häufig der Kompensation dienen oder im Wachzustand Ungelebtes thematisieren, sogenannte Schattenthemen aufgreifen. Nach der Sichtweise der Komplextheorie lassen sich im Traum auftretende Personen wie z. B. Vater, Mutter oder Schwiegermutter interpretieren. Die abgespeicherten emotionalen Erfahrungen werden im Traum hinzugezogen, um Lebenserfahrungen nutzbar zu machen. Darüber hinaus liefert die Archetypenlehre den Hintergrund zum Verständnis vieler, oft besonderer Symbolbilder, die auch in das Traumgeschehen hineinspielen. Nicht zuletzt sind es Signale aus dem Selbst, die stärkend im Traum auftauchen können.

5.1.2 Aktive Imagination

Auch die aktive Imagination bietet die Möglichkeit, sich mit den tieferen Schichten seiner Seele zu befassen und sich seinem kreativen Potential seiner Seele öffnen. Jung hat die aktive Imagination als möglichen Zugang zum Unbewussten gesehen. Die Methode wurde von ihm entwickelt und 1916 zum ersten Mal von ihm erwähnt.

Ausgangspunkt der Aktiven Imagination sind Botschaften aus dem Unbewussten, die spontan wahrgenommen werden: ein Bild, das uns beschäftigt, und wir wissen nicht weshalb, ein Traum, dessen Sinn sich zunächst nicht erschließt, ein irritierendes oder ein heftiges Gefühl. Bilder und Phantasien zu haben, ist ein Elementarvorgang, der sich ständig in uns vollzieht. In der aktiven Imagination geht es um die Gestaltung der Bilder, dies wiederum setzt gestaute Libido und kreatives Potential frei.

Wesentlich ist, dass wir mit der aktiven Imagination eine Frage verbinden, etwas erfahren wollen. Das auslösende Bild wird dann in einer inneren Reise besucht. Dabei begibt sich das Ich-Bewusstsein in den Dialog mit dem Bild, um mehr zu erfahren. In der aktiven Imagination bleibt das Ich konsequent das Erwachsenen-Ich. Es hat die Aufgabe, die aus dem Unbewussten auftauchenden Bilder, Phantasien, Geräusche, Gerüche etc. aufzunehmen und den Austauschprozess zu gestalten, indem es in einen handelnden Dialog tritt und z. B. Fragen stellt. Oft entwickelt sich die aktive Imagination weiter durch Träume oder neue Bilder.

Dieter Knoll schlägt ein Vorgehen in fünf Schritten vor, um das Geschehene nicht isoliert stehen zu lassen, sondern es in die eigene Geschichte einzubinden.

> **Fünf Schritte der aktiven Imagination (vgl. Knoll in Müller, 2003, S. 191)**
>
> **1. Schritt: Eine Frage wird formuliert**
> Welche Frage habe ich heute? Was ist mein Anliegen? Dann sollte man sich auf die Haltung des Geschehenlassens einstimmen. Hilfreich ist dabei eine kurze Meditation oder Entspannungsübung.
>
> **2. Schritt: Der Weg zum Bild**
> Nun wird der Weg in das Bild oder in die Situation beschritten, z. B. über eine imaginäre Treppe, ein Tor, das geöffnet wird. Wir gehen bewusst über die Schwelle und erwarten das Bild.
>
> **3. Schritt: Aktiver Austausch**
> Nun lässt sich das Ich-Bewusstsein aktiv in das Geschehen ein und handelt mit, entsprechend den spontan auftauchenden Impulsen. Dabei sollte das Geschehen sofort aufgeschrieben oder in der Therapiesituation berichtet werden. Diese Phase gestaltet sich sehr individuell: Die Dialoge und Handlungen können unterschiedlich lang sein. Zudem kann es für den einen hilfreich sein, Geräusche, Gerüche, Stimmungen oder Farben wahrzunehmen, für den anderen weniger.
>
> **4. Schritt: Festhalten und gestalten**
> Die Bilder sollten aufgeschrieben werden. Anschließend können Elemente der Aktiven Imagination gestaltet werden, z. B. gemalt, getont, gesungen, getanzt, entsprechend den eigenen Ausdrucksbedürfnissen.
>
> **5. Schritt: Verstehen**
> Jetzt geht es darum, die Aktive Imagination auf dem Hintergrund der Eingangsfrage zu verstehen. Für die Deutung kann die aktuelle Situation, die Biographie, die Zukunft einbeziehen. Dabei lassen sich die Inhalte, wie bei Träumen und dem Symbol, objektstufig, subjektstufig und auf archetypischer Ebene, verstehen.

5.1.3 Unbewusstes Malen

Das Unbewusste Malen wird als eine Form der aktiven Imagination betrachtet. Hier wird versucht, psychische Inhalte zu visualisieren. Meist handelt es sich um Inhalte, die sich schwer in Worte fassen lassen. Diese Bilder müssen jedoch nicht in jedem Fall gemalt werden, auch das Aufschreiben, ähnlich wie bei Träumen ist möglich.

Bei der malerischen Gestaltung kommt es auf die möglichst impulsive und direkte Umsetzung an. Diese Bilder sollen keine Kunstwerke sein, ästhetische Ansprüche spielen daher keine Rolle.

Analytisch betrachtet entsteht ein solches Bild im Zusammenspiel von Bewusstsein und Unbewusstem. »Durch den Prozess des Malens wird eine Beziehung zwischen dem Ich-Bewusstsein und dem Unbewussten hergestellt«, so Renate Daniel, »und dadurch die Einseitigkeit der Bewusstseinshaltung transzendiert. Die primär unanschauliche psychische Dynamik wird substanziell und kann als ein Gegenüber angeschaut werden« (Daniel in Müller, 2003, S. 266).

Für die Betrachtung ist aber nicht nur das Endprodukt entscheidend, sondern bereits die Entstehung. So kann der Malende während des Gestaltungsprozesses beispielsweise erfahren, wie geduldig und ausdauernd er ist oder wie gut es sich auf Ungewisses einlassen kann.

In der therapeutischen Arbeit lässt sich das unbewusste Malen dafür nutzen, beispielsweise starke Spannungen und Emotionen, die nicht anders ausgedrückt werden können, sichtbar zu machen oder Blockaden zu überwinden. Auch depressive Zustände oder Leeregefühle lassen sich auf diese Weise erkennen und bearbeiten. In der Regel tritt eine Entlastung, eine Karthasis ein. Werden Serien von Bildern gemalt, kommt ein intensiver psychischer Prozess in Gang.

Neben dem unbewussten Malen finden weitere gestalterische Methoden Anwendung, z. B. Tonen, Masken- und Puppengestaltung, Tanz, Musik etc.

5.1.4 Sandspiel

Auch das Sandspiel ist eine gestalterische Methode. Entwickelt von Dora M. Kalff (1904–1990) auf der Grundlage der Analytischen Psychologie, dem »Weltspiel« von Margaret Lowenfeld und den spirituellen Traditionen des Buddhismus, hilft es, Selbstheilungsprozesse und den Individuationsprozess zu fördern (vgl. Kalff, 1996).

In einem speziellen Sandkasten können, für jeden ganz leicht, dreidimensionale Bilder gebaut werden. Seine Maße (ca. 72 x 52 x 7 cm) und seine Positionierung in Augenhöhe entsprechen in etwa dem Gesichtsfeld eines Erwachsenen. Der Sand ist ein leicht formbares Naturmaterial, mit dem sich sozusagen spielerisch Welten gestalten lassen. Er kann wahlweise trocken oder nass sein. Da der Kasten innen blau ist, können auch Gewässer integriert werden. Zu Hilfe genommen werden außerdem kleine Figuren und Gegenstände, die dem Sandspieler in offenen Regalen zur freien Verfügung stehen. Es sind Figuren (Maßstab etwa 1:25), die Menschen, Tiere, Gegenstände aus allen Bereichen des Lebens und der Phantasie darstellen. Aus diesem Material kann der Sandspieler frei, spontan und ohne Vorgaben oder Anleitung ein dreidimensionales Bild gestalten. Die Dreidimensionalität ist deswegen von Bedeutung, weil die inneren Bilder die Außenwelt spiegeln, die nun mal dreidimensional ist. Diese kann demnach naturgetreu dargestellt werden. Der Therapeut bleibt sehr im Hintergrund und begleitet den Prozess lediglich verstehend und beschützend.

Wie bei den anderen gestalterischen Methoden, bietet auch das Sandspiel die Möglichkeit, innerseelische Inhalte in Bilder umzusetzen. Die haptische Dimension beim Bearbeiten des Sandes ermöglicht eine körperliche Kontaktaufnahme mit dem Inneren. »Das innere Bild wird physisch im Sand gestaltet, so dass innere Inhalte eine körperliche Form finden oder dass eine Materialisierung innerer Bilder geschieht. So wird ein Bezug von Innen und Außen hergestellt, wird etwas im wahrsten Sinne des Wortes ›begreifbar‹ oder wahrnehmbar, was eine Bearbeitung von Komplexen ermöglicht« (Löwen-Seifert in Müller, 2003, S. 362).

Sigrid Löwen-Seifert beschreiben die heilende Wirkung des Sandspiels folgendermaßen: »Ein Prozess gerät in Bewegung, in welchem die Ganzheit des Selbst (Selbstregulation) die Führung übernimmt. Das Unbewusste verhält sich kompensatorisch zum Ich-Bewusstsein. Das, was der Patient nicht oder zu wenig lebt, was das Bewusstsein aus irgendwelchen Gründen ablehnt, nicht sehen, nicht leben, nicht wahrhaben will oder kann, erwacht unter den Händen in den Bildern zum Leben, vom Gestaltenden unbeabsichtigt, unbemerkt. Eine dem inneren Zustand entsprechende Welt entsteht« (Löwen-Seifert in Müller, 2003, S. 362).

Eine Heilung wird als eine energetische Veränderung sowie eine Veränderung der Einstellung erlebt.

5.2 Anwendung der Konzepte der Analytischen Psychotherapie

Im Folgenden werden verschiedene Angebote vorgestellt, in deren Rahmen die Ideen der Analytischen Psychologie für den Individuationsweg genutzt werden können. Neben der Analytischen Psychotherapie ist es insbesondere die Selbsterfahrung in Gruppen, in denen unter Anleitung eines erfahrenen Therapeuten viele Menschen wichtige Anregungen bekommen. Zudem ist – in vielerlei Form – in der Auseinandersetzung mit den theoretischen Inhalten der Analytischen Psychologie impulsgebende Bereicherung möglich.

5.2.1 Analytische Einzeltherapie mit Erwachsenen

Die klassische Jung'sche Analyse legt den Schwerpunkt auf den Dialog von Analytiker und Analysand. Zentral im Gespräch sind meist die vom Analysanden mitgebrachten Träume oder anderes sogenanntes unbewusstes Material. Auch die aktive Imagination kann innerhalb der Stunde zur Anwendung kommen. Wichtiges Ziel ist dabei die Sichtung und Bewusstmachung der Signale aus dem Unbewussten.

Meist sitzen sich dabei Analytiker und Analysand nach der Jung'schen Settingvorstellung in Sesseln oder Stühlen gegenüber. Tendenziell kann eine Atmosphäre von kollegialer Zusammenarbeit entstehen. Dies insbesondere bei der Individuationsanalyse, bei der der Schwerpunkt nicht auf der therapeutischen Arbeit liegt. Aber auch die therapeutische Analyse kann und soll sich im Laufe der Jahre so entwickeln, dass man in der Jung'schen Tiefenpsychologie von einer »symbolischen Freundschaft« spricht.

In Deutschland ist die Analytische Psychotherapie ein anerkanntes Therapieverfahren bei der kassenärztlichen Versorgung. Langzeitanalysen sowie kürzere tiefenpsychologische Therapien werden nach einem Gutachterverfahren von den Krankenkassen finanziert.

5.2.2 Analytische Einzeltherapie mit Kindern und Jugendlichen

Angelehnt an die Ausbildung der Erwachsenentherapeuten gibt es auch eine Jung'sche Kindertherapie-Ausbildung. Das Setting in der Kinder- und Jugendtherapie (Einzeltherapie) entspricht mehr oder weniger dem der Erwachsenentherapie, während jedoch die konkrete inhaltliche Therapiearbeit mit Kindern und Jugendlichen durchaus abweicht.

Die meisten jungorientierten Kindertherapeuten haben zum Beispiel das Kalff'sche Sandspiel (▶ Kap. 5.1.4) im Therapiezimmer und legen in der Arbeit Wert auf Symbolbildung und Symbolverstehen.

Das kindliche Spiel, die Zeichnungen und Sandbilder werden von Kinder- und Jugendlichentherapeuten mit Jung'schem Symbolverständnis angeschaut, und daraus ergeben sich dann entsprechende, natürlich kindorientierte Dialoge.

Die Zentrierung auf die Wirkung des heilenden Symbols gibt der Kindertherapie nach Jung'schen Gesichtspunkten seine spezielle Atmosphäre und Prägung. Die spezifische Haltung, die mit dieser Orientierung verbunden ist, wird natürlich individuell verschieden ausgeprägt und gefärbt sein. Wie bei der Erwachsenenanalyse steht und fällt auch bei der Kindertherapie die Qualität der therapeutischen Arbeit mit der Persönlichkeit des Therapeuten. Hierbei spielt dessen eigene Lehranalyse und die Qualität der Ausbildung eine wichtige Rolle.

5.2.3 Gruppentherapie oder Selbsterfahrungsgruppen

Es ist bekannt, dass C. G. Jung selbst wenig Sympathie für Gruppenarbeit hatte, da er davon ausging, dass sich der Schatten des Einzelnen in der Gruppe potenziere. Er selbst war ein sehr individueller Mensch, der sich wohl in Gruppen nur als Leiter und Lehrer hätte wohlfühlen können. Heute jedoch sehen wir auch die Möglichkeiten der Erfahrung der Sichtweisen der Analytischen Psychologie in der Gruppe. Gemeinsame Arbeit an Träumen von Gruppenmitgliedern wird zu einer beliebten Arbeitsform von Selbsterfahrung. Der Einzelne kann durch die Phantasien und Beiträge anderer Gruppenmitglieder und des analytisch ausgebildeten Gruppenleiters viel lernen und integrieren. Zudem ist es sehr spannend, innerhalb der Gruppe, die sich konstellierenden archetypischen Wirkfelder zu identifizieren und miteinander per Suchbewegung bewusst zu machen. Brigitte Dorst spricht von einem Archetyp der Gruppe, der sich in Gruppen konstelliert und das Gruppengeschehen untergründig beeinflusst (vgl. Dorst, 1990).

Es ist zu erwarten, dass es in Zukunft bei den Konzepten im Bereich analytischer Gruppenselbsterfahrung weitere praktische und theoretische Weiterentwicklungen geben wird.

5.2.4 Vermittlung der Inhalte und Konzepte an Interessierte

Jungs Ideen zum Symbolverständnis und zur subjektstufigen Sichtweise von unbewusstem Material eignen sich auch sehr dazu, Mythen, Märchen, Opern und Schauspiele tiefenpsychologisch-analytisch zu verstehen. In unzähligen Buchveröffentlichungen und Vorträgen werden diese Sichtweisen seit Jahrzehnten an den interessierten Leser und Zuhörer herangebracht.

Es sieht so aus, als ob in letzter Zeit wieder ein vermehrtes Interesse daran besteht, diese Sichtweisen in das eigene Denken zu integrieren. Insbesondere Jungs Ideen zum Thema »Psychologie und Religion« finden großes Interesse bei spirituell interessierten und suchenden Menschen.

Somit kann man durchaus sagen, dass nicht nur die wenigen Einzelanalysanden und Patienten vom Gedankengut C. G. Jungs profitieren, sondern dass die Methoden und Sichtweisen der Analytischen Psychologie sich offensichtlich besonders dazu eignen, sie in andere Modellvorstellungen der Psychologie zu integrieren. Darüber hinaus sind viele Begriffe, Ideen und Vorstellungen auch in das allgemeine Gedankengut eingesickert und haben im Grunde sehr vieles bereits bewegt und verändert, wenn auch meist die Herkunft aus Jungs Ideenschatz nicht benannt wird.

Jedenfalls kann jeder Interessierte, der für seinen Individuationsweg Impulse sucht, von den Methoden und vom Wissensschatz der Analytischen Psychologie profitieren. Jeder kann leicht, auch außerhalb von therapeutischen Settings, in einer Art Eigen-Fortbildung Zugang zur Denkweise der Jung'schen Psychologie finden.

5.3 Therapeutische Methodik

An dieser Stelle soll kurz noch auf die Ansätze und den Ablauf innerhalb eines therapeutischen Prozesses eingegangen werden. Dem liegt wiederum das Konzept der Psyche zugrunde, das in Kapitel 2 vorgestellt wurde.

5.3.1 Ich-Grundfunktionsarbeit in der analytischen Therapie

In den Therapien nach tiefenpsychologischen Gesichtspunkten wird immer wieder von Ich-Schwäche der Patienten gesprochen. Viele sind gar nicht in der Lage, sich auf ein analytisches Setting einzulassen, da sie den Belastungen der therapeutischen Dialoge nicht gewachsen scheinen. Aber von extremen Fällen (z. B. Borderline-Fälle bzw. psychosenahen Patienten) abgesehen, kommt jeder Mensch mit einem unausgewogenen Ich-Grundfunktions-Komplex in die therapeutische Begegnung.

Jungs Ideen zu den Orientierungsfunktionen sind sehr grundlegender Natur. Sie wurden zwar vielfach aufgegriffen, aber wenige Therapeuten konnten für sich ein therapeutisches Konzept aus der Grundfunktions-Sichtweise entwickeln. Ursula Eschenbach (1990) und Klaus Uwe Adam (2003) haben sich sehr um die therapeutische Anwendbarkeit der Grundfunktionsarbeit bemüht. Aber es scheint so, als ob nur wenige die Arbeit mit den Funktionen konsequent in die therapeutische Arbeit einbeziehen. Dabei kann man mit Bestimmtheit sagen, dass die Grundfunktionsarbeit im wahrsten Sinne des Wortes eine Ich-Stütze und Ich-Stärkung hervorrufen kann. Dagegen scheint eine undifferenzierte Stützung bei dem Gespräch über die Alltagsprobleme des Patienten nicht wirklich zu einer Differenzierung der Ich-Grundfunktionen zu führen.

Es ist zu hoffen, dass in Zukunft die weitergeführten Überlegungen aus dem Typenkonzept Jungs zu einer lehrbaren und klareren Arbeitsanweisung für den Therapeuten führen. Ein Patient, der in seinen schwachen Grundfunktionen gefördert wird und somit neue Ich-Möglichkeiten erhält, wäre dann auch mutiger, sich den Herausforderungen aus seinem Unbewussten und der Welt draußen zu stellen.

5.3.2 Durcharbeiten der Komplexinhalte des persönlichen Unbewussten

Durch den Bericht über die Lebenskonflikte, von Träumen oder anderes unbewusstes Material bringt der Patient seine Komplexinhalte in den Dialog. Die Durcharbeitung dieser Komplexenergien findet erst einmal nach dem psychoanalytischen Konzept des Wiedererinnerns und des Durcharbeitens statt. Die energetischen Impulse aus den Komplexen werden sorgfältig durchgesprochen, auf Herkunft und Realitätsbezug getestet und mit möglichst allen Orientierungsfunktionen angeschaut.

Schon das Erkennen der Wirksamkeit der eigenen Komplexe bringt oft eine deutliche Entlastung und ist nicht selten der Anfang einer Ermachtung des Ichs gegenüber diesen oft mächtigen komplexhaften Strippenziehern im eigenen Unbewussten.

Wichtig ist im ganzen Therapieprozess ist die Beachtung der auftauchenden Inhalte aus dem Schattenkomplex. Im therapeutischen Dialog oder aus den Träumen werden die verdrängten Schatteninhalte immer wieder -deutlich und können besprochen und damit bewusst gemacht werden. Der Umgang mit diesen erkannten Schattenanteilen ist dann die eigentliche Arbeit.

5.3.3 Erkennen der archetypischen Dimension der Themen

Eine Besonderheit in der analytischen Therapie ist das Erkennen der Wirkung der Archetypen in den Prozessverläufen der Therapie. Die Bearbeitung der Themen beinhaltet eben auch, dass der archetypische Blickwinkel in den Dialogen mitwirkt. In der analytischen Therapie kann sich der Analysand fragen: Wo ist Grundtypisches in meinen Lebensfragen und meinem gelebten Leben beinhaltet? Welche archetypischen Symbole tauchen in meinen Träumen oder in meinem Blick auf Kunst und Bilder auf?

Die archetypische Sichtweise weitet die analytische Arbeit ungemein. Das Erkennen, dass die Begabungen und die Grundprobleme in einem kollektiven Unbewussten eingebettet sind, ist eine Erweiterung des Bewusstseins und kann eine wahre Weisheitsquelle sein.

5.3.4 Für Signale aus dem Selbst offen sein und sie beachten

Das Konzept des Selbst ist für viele jungianische Therapeuten ein Ankerpunkt für die analytische Arbeit mit den Analysanden. Ein Vertrauen in einen Zentralarchetyp als eine Art »Spiritus rector« kann als Basis auch dann tragen, wenn der Weg in der Dialogarbeit durch Krisen und Dunkelheiten führt. Der Blick und das Gespür für Selbstsignale aus dem Inneren des Analysanden ist da äußerst hilfreich.

5.4 Seelische Heilung oder Reifung und Sinnfindung?

In einem analytischen Prozess, der sich nicht nur das Ziel setzt, die Symptome überflüssig zu machen, spielen oft die Träume eine sehr große Rolle. Die Symbolbilder der Träume sind überaus gute Impulsgeber für den analytischen Dialog. Dabei ist es eine spannende Frage, was es für den Heilungsprozess bedeutet, wenn im analytischen Prozess die energiegeladenen archetypischen Impulse aus der eigenen Psyche wirksam werden.

Im Folgenden soll hier unsere Vorstellung von seelischer Heilung reflektiert werden. Zunächst muss unterschieden werden zwischen einer analytischen Therapie, deren Ziel die Heilung eines neurotischen Symptoms ist (was mehr oder weniger gelingen mag) und einer Analyse, die um eines Wandlungs- und Reifungsprozesses willen begonnen wird.

Die Analysanden und Analysandinnen, die vordergründig nicht wegen psychischer Probleme in die Analyse kommen, sondern die die Hilfsmittel der Analytischen Psychologie dazu nutzen wollen, auf einen vertieften Reifungsweg zu gelangen, sind nicht durch eine Symptomatik gedrängt, sondern vielfach von einer tiefsitzenden inneren Notwendigkeit. Sie spüren, dass sie die in einer Analyse durchgeführte Traumdialogarbeit benötigen, um »Geröll« wegzuschaffen, das tiefere Erfahrungen blockiert. Oft sind diese Menschen ganz besonders Suchende, manche von ihnen gerade im Bereich der Spiritualität.

Bei Menschen dagegen, die unter schweren psychischen Problemen leiden, ist die Linderung bzw. der Verlust der neurotischen Symptome das verständliche Ziel. Zweifellos gelingt es auch vielen Patienten und Patientinnen, innerhalb eines Analyseprozesses ihre Symptome überflüssig zu machen oder sie doch zumindest stark zu mildern. Der Jungianer Gerhard Adler weist darauf hin, dass nach seiner Erfahrung nicht selten Menschen gleichzeitig mit der Befreiung von ihren Symptomen auch an Tiefe, Initiative, Individualität verlieren und bestimmte positive Haltungen den Mitmenschen gegenüber aufgeben.

Umgekehrt gibt es nicht selten Patienten und Patientinnen, die, obwohl sich an ihrer Symptomatik kaum etwas verändert hat, am Ende eines Analyseprozesses die Behandlung als von großem Nutzen erleben und das Gefühl haben, auf einen guten Entwicklungsweg gekommen zu sein.

Natürlich ist es tragisch und schwierig, wenn Menschen, die einen analytischen Prozess vollständig durchlaufen haben, von ihrer Symptomatik weiterhin gequält werden. Neben der selbstverständlichen Überlegung, was womöglich in der therapeutischen Analyse falsch gelaufen ist, kann man in diesen Fällen aber auch fragen, ob womöglich das persistierende Symptom für diese Menschen notwendig ist, um in einem vertieften Prozess bleiben zu können. In diesem Fall hat die Bewusstseinsarbeit die Libidoverschiebung im Unbewussten nicht so bewerkstelligt, dass die Symptome hätten überflüssig werden können.

Was »psychische Heilung« betrifft, stehen die meisten erfahrenen Analytiker und Analytikerinnen einem konventionellen Konzept von Heilung höchst skeptisch gegenüber. Wenn aber die Beseitigung des neurotischen Symptoms nicht unbedingt im Mittelpunkt steht, worauf zielt dann ein unkonventionelles analytisches Heilungskonzept ab? Die Begegnung mit dem persönlichen und kollektiven Unbewussten in einem analytischen Prozess scheint die Möglichkeit zu schaffen, mit antiquierten Haltungen aufzuräumen und neue konstruktive Haltungen für sich zu schaffen. Der Austausch zwischen Ich-Bewusstsein und unbewusstem Persönlichkeitshintergrund belebt und erweitert die Persönlichkeit. Demnach wäre das wahre Ziel einer analytischen Psychotherapie die Reifung des Individuums.

Dieses grundsätzliche Ziel wäre auch dann nicht aus dem Auge verloren, wenn im psychischen Organismus noch energetische Notwendigkeiten zur Symptombildung vorliegen.

Ein Beispiel, das dies illustriert, findet sich bei Gerhard Adler, der dazu ein Märchen erzählt: Die zwei älteren Söhne des Phönix sind eingeschlafen, während sie versuchen, den Dieb des goldenen Apfels zu fangen. Der jüngste Sohn legt eine Nessel (vielleicht ein Symbol für ein stechendes Symptom) unter sein Haupt, die ihn jedes Mal sticht, wenn er der Versuchung erliegt, einzuschlafen (was hieße, unbewusst zu werden). Natürlich ist es dieser jüngste Sohn, der die Aufgabe löst und den goldenen Apfel bekommt. Die Nessel, sein Symptom, hat ihn wach gehalten (vgl. Adler, 1952).

Wenn nun in diesem Zusammenhang der Begriff der »Reifung« als zentrale Idee ins Spiel gebracht wird, so drängt sich damit auch die Frage nach dem »Sinn des Lebens« auf.

In C. G. Jungs Entwurf der Analytischen Psychologie nimmt die Klärung der Sinnfrage eine ganz zentrale Rolle im Reifungsprozess ein. Ein Mensch kann sein Leben nur als sinnvoll erfahren, wenn er es ganz akzeptieren kann und er sich mit der inneren Überzeugung von einem individuellen Lebenssinn ans Leben angepasst fühlt. Dies beinhaltet natürlich auch eine vertiefte Auseinandersetzung mit dem Tod und die Klärung der persönlichen Einstellung ihm gegenüber. Heilung im Jung'schen Sinne bedeutet demnach, für sich persönlich den »Sinn des eigenen Lebens« bewusst zu spüren.

Die Traumarbeit kann einen wichtigen Beitrag auf dem mühsamen Weg zu diesem Idealziel leisten. Zunächst geht es darum, störende Komplexinhalte zu bearbeiten sowie sich mit den kollektiven archetypischen Energiefeldern in Verbindung zu setzen. Ist das »psychische Geröll« weggeräumt, können dann die Energien aus den tieferen Bereichen der Psyche aufsteigen. So wird ein Reifungsweg möglich, in dessen großen Momenten die Begegnung mit transpersonalen Inhalten erfahrbar werden kann. In der Vorstellung der Analytischen Psychologie geht diese Begegnung mit einer Erfahrung von Ruhe und Kraft einher. Es ist eine Begegnung mit dem etwas Übergeordnetem, dem Selbst.

Teil II

Die Anwendung in der Praxis

6

Was geschieht auf meinem Individuationsweg?

Was im ersten Teil dieses Buches in der Theorie vorgestellt wurde, soll nun im zweiten mit Beispielen greifbar und erfahrbar werden. Um uns im Weiteren auf den Weg der praktischen Erkundung dessen zu machen, was Individuation ist und wie sie geschieht, möchte ich zunächst noch einmal ein paar grundlegende Annahmen aus dem ersten Kapitel (▶ Kap. 1) aufgreifen. Anhand dieser Grundannahmen C. G. Jungs über die Individuation sollen bereits erste Impulse und Beispiele dafür folgen, wie jeder Einzelne mit seinem individuellen Individuationspotential umgehen kann.

Die acht Fragen, die sich anschließen, werden dann ganz konkret die theoretischen Inhalte des ersten Teils in die Praxis überführen. Dabei können sie gleichermaßen zum Erfahrbarmachen der Theorie dienen als auch als Anleitung für die persönliche Auseinandersetzung.

Drang nach Entwicklung

Wie anfangs (▶ Kap. 1) beschrieben, ist jedem Menschen ein natürlicher Drang nach Entwicklung gegeben. Für die Lebensgestaltung, aber insbesondere auch für die Lebensstimmung ist es nicht unerheblich, ob ich in meinem Inneren den Aufruf der Antike »Werde, der du bist« verspüre. Die Idee der immerwährenden Entwicklung ist sinnstiftend. Im *Roten Buch* spricht Jung sogar vom Befehl der uns innewohnenden Götter, wenn es darum geht, den Individuationsweg zu gehen. Es ist eine höchst dynamisierende Vorstellung, aus dem eigenen Innern einen Befehl göttlicher Kräfte zu verspüren. Wenn man sich nun auf diesen Befehl einlässt, den eigenen Drang zur Selbstverwirklichung akzeptiert, kann man sich darauf verlassen, von den eigenen Libidokräften gezogen und durch das Drängen der inneren Individuationsimpulse vorangebracht zu werden. Andererseits bedarf es der Differenzierung und der Unterstützung dieses Geschehens aus dem Unbewussten durch meine wollende und ja-sagende Ich-Person.

Besonders sein

Es ist eine Dynamik, die das Besondere zutage fördern hilft, das, was uns einzigartig macht. Denn es kann zwar ein schönes Gefühl sei, anderen ähnlich zu sein und dadurch Geborgenheit zu empfinden. Aber es ist doch das Besondere in mir, das mir sehr wichtig ist. Hermann Hesse hat einmal davon gesprochen, dass niemand ein Dutzendmensch sein möchte. Dieses Besondere, dieses »Gesondert-Sein« von den anderen herauszuarbeiten, ist ein wichtiger Aspekt im Prozess der Selbsterkenntnis. Man könnte also sagen, es ist eine Art von Differenzierung, die stattfindet. Ich sortiere, was bei mir anders ist als bei dem einen oder dem anderen.

Emanzipation vom Elternhaus und den dortigen erzieherischen und vorbildgebenden Einflüssen ist wohl der erste Teil dieser Differenzierung hin zum eigenen Besonders-Sein. Dies führt normalerweise zu einem großen Stück mehr Autonomie und gibt uns die Möglichkeit, Dinge in eigener Sichtweise zu betrachten. Nicht selten findet dieser Prozess als ein Ablösungskrieg statt, oft gibt es aber auch Emanzipationsprozesse von den Eltern, die nicht »kriegerisch«, sondern ganz selbstverständlich über eine Distanzierung in Wertschätzung verläuft. Dabei spielt hier natürlich auch schon das Besondere der eigenen Persönlichkeit mit hinein. Ein eher heftiges emanzipatorisches Ablösen mag bereits ein Stück eigene Besonderheit sein, denn dieser wichtige Prozess wird auch gesteuert aus den vielfältigen Zusammenhängen der ganz persönlichen libidoenergetischen Möglichkeiten.

Das eigene Besonders-Sein annehmen, bedeutet auch die Akzeptanz von Wesensmerkmalen, die man selbst und die Umwelt als kantig oder gewöhnungsbedürftig betrachten. Es sind Eigenheiten, die nicht so leicht abzustellen sind und auch wenn sie Schwierigkeiten machen, irgendwie zum Gesamten der Persönlichkeit dazugehören. Hat man sie angenommen, so kann man auch der Umwelt vermitteln, dass man sich wünscht, diese Wesensanteile würden akzeptiert.

Grundsätzlich kann es auch schicksalhafte Besonderheiten geben, die persönlichkeitsspezifische Wesens- und Verhaltensanteile entstehen lassen, die sich bei allem guten Willen nicht so einfach verändern lassen. Für diese zunächst einmal unlösbaren, eben schicksalhaften Gewordenheiten empfiehlt Jung ein geduldiges Abwarten. Mit der »Strategie«, dass diese Problematik im Laufe des Lebens »überwachsen« kann. Dies könnte dann eine Mischung aus sich ergeben, Akzeptanz und Einpassung der problematischen Persönlichkeitsanteile in die Umwelt bedeuten.

Manche Persönlichkeitsaspekte benötigen das »Überwachsen«

Ein junger Mann fühlt sich erotisch zu einigen seiner Mitstudenten hingezogen. Er kann sich aber nicht als ausschließlich homosexuell begreifen, da er sich auch mit seiner Freundin menschlich wie auch sexuell gut versteht. Der junge Mann macht eine mehrjährige Therapie und versucht, die Problematik zu lösen. Schließlich heiratet er seine Freundin und gründet eine Familie. Das Paar bekommt drei Kinder und der junge Mann ist beruflich erfolgreich. Das Problem seiner Bisexualität ist aber nicht verschwunden, es meldet sich bei allen möglichen Gelegenheiten und stört seinen Seelenfrieden. Nach vielem Hin und Her gibt er den Kampf gegen seine homosexuellen Gefühle auf. Er versucht, sie als einen Persönlichkeitsanteil anzunehmen und sie so in sein Leben zu integrieren, dass er und seine Familie nicht ständig verstört werden. So gelingt ihm mit einer Mischung aus Anpassung und Akzeptanz, seinen Seelenfrieden zu finden. Die Idee, die Problematik, langfristig gesehen, überwachsen zu lassen, war für ihn eine Entlastung und eine große Lebenshilfe.

Auf dem Weg zu sich mit dem Du

Wie ebenfalls bereits in Kapitel 1 angesprochen, kann Selbstverwirklichung nicht bedeuten, dass ich nur meine eigene Entwicklung ungeachtet meiner sozialen Beziehungen betrachte und lebe. Partner, Freunde, Verwandte oder Kollegen im Beruf – mit all diesen Menschen bin ich als jemand, der sich selbst verwirklichen will, in einem engen Netzwerk verbunden. Man könnte sagen: Es ist eine archetypische Dimension der Selbstverwirklichung, mit den mitmenschlichen Beziehungen das persönliche Werk der Individuation entstehen zu lassen. Verstehe ich mein Individuationswerk als Bereicherung meines Lebens, so bedeutet das zugleich natürlich auch eine Bereicherung in meinen Beziehungen zu meinen Mitmenschen. Wenn ich mir vorstelle, dass ich – archetypisch gedacht – mit meinen Mitmenschen im gleichen Lebensboot sitze, ist eine Weitung meiner Person und mein ganzes Werden gleichzeitig eine Bereicherung meiner Umwelt.

Insbesondere in persönlichen Liebesbeziehungen und Partnerschaften hat mein bewusster Selbstverwirklichungsprozess Auswirkungen. Wenn auch oft eine Beziehung durch die Veränderung eines Partners belastet wird, bedeutet diese jedoch auch oft eine gegenseitige Befruchtung. Hat man das Glück, in einer Welt zu leben, in der auch andere, vielleicht sogar die enge intime Beziehungsperson, Selbstverwirklichung für sich bewusst voranbringen möchten, wird es im gemeinsamen Leben immer wieder gegenseitige Befruchtung und Anstoß zur Weiterentwicklung geben.

> **Die libidinöse Dynamik geht ihren individuellen Weg**
> In einer Ehe ist es Jahrzehnte der Mann, der beruflich voll aktiv ist und in großem Maße für seinen Erfolg im Leben lebt. Die Ehefrau sorgt schwerpunktmäßig für die Familie und fügt sich in das ruhelose Berufsleben des Mannes ein. Nun kommt der Ehemann in die sogenannten Wechseljahre und verliert sein Interesse am Beruf. Er möchte mehr introvertiert leben und seinen künstlerischen Interessen nachgehen.
>
> Ganz im Gegensatz dazu hat die Frau hat das Gefühl, nach der Familienphase ihre schöpferische Aktivität ausleben zu müssen. Sie geht mehr in die Extraversion, will sich verwirklichen.
>
> Das Paar muss sich mit dieser Verdrehung des Schwerpunkts in der Dynamik intensiv beschäftigen, da es nicht leicht ist, eine solche gegensätzliche Interessenslage in der Beziehung ohne größere Störung zu leben.

Die moderne psychologische Frage, ob oder wie beziehungsfähig ich bin, ist im Grunde eine Frage im Themenbereich der Selbstverwirklichung. Ich bin nicht nur dann beziehungsfähig, wenn ich das Gegebene in einer Beziehung stärke, erkenne, lieben und leben lasse, sondern wenn ich die neuen aus dem Inneren kommenden Impulse in die Beziehung einbringe bzw. wenn ich offen und wach bin für das, was bei anderen an neuen Impulsen gelebt werden will und somit auch mir nahegebracht wird. Dies bedeutet eine ständige Auseinandersetzung mit neuen Impulsen, was das Leben und erst recht die Liebe zu einem wunderbaren Lebensabenteuer macht.

Wie kann ich erkannte Potentiale in mein Leben integrieren?

Wenn ich von der grundsätzlichen Idee ausgehe, dass ich in meiner Seele einen großen Reichtum und viele Lebensmöglichkeiten besitze, stellt sich mir die Aufgabe, möglichst viel davon zu erkennen. Dies scheint am besten zu gelingen, indem ich wach dafür bin, was sich an Impulsen, Phantasien, Träumen und an Interessen für mich auftut. In der Jung'schen Psychologie wird ein sehr intensiver Dialog mit der Innenwelt empfohlen, um an diese Ressourcen der inneren Welt heranzukommen. Die Beachtung von Träumen, unbewusstes Malen, aktive Imagination und andere Methoden sind es, die es erleichtern, an die innere Bilderwelt zu kommen, in der die Potentiale stecken, die ins Leben integriert werden wollen (▶ Kap. 5).

> **Ein unbekanntes Potential: Sich rituellem Geschehen öffnen?**
> Nicht selten eröffnen sich durch die genaue Beobachtung der Impulse aus dem Unbewussten ganz neue Perspektiven. So träumte ein Mann, Mitte 30, immer wieder von religiös-spirituellen Themen. Im seinem gelebten Leben spielte Religion fast keine Rolle. Er wurde aber durch seine Träume zu einer Auseinandersetzung mit seiner Spiritualität hingedrängt. Nach längerem Suchweg entschied er sich für die Katholische Kirche, machte theologische Fortbildungen und wirkt nun als Helfer bei Gottesdiensten mit. Sein tiefes Interesse am Ritual der katholischen Messe wurde ihm erst durch seine Auseinandersetzung mit entsprechenden Träumen bewusst. Obwohl sich seine Umwelt (Familie und

> Freunde) sehr über ihn wunderten, ließ er sich nicht von der Integration seiner spirituellen Interessen in sein Leben abhalten.

Habe ich die Impulse aus dem Unbewussten verstanden, geht es darum, sie in mein Leben zu integrieren, sie also an das anzuschließen, was bereits aus mir geworden ist und was schon gelebt wird. Dies ist nicht immer leicht, weil wir uns häufig eingerichtet haben, unser Lebensbaum schon in die Tiefe und in die Höhe gewachsen ist und den gesamten Lebensraum beansprucht. Aber die Integration der Impulse aus dem Unbewussten, die ja aus dem Drang zur Selbstverwirklichung entstehen, wollen ernst genommen und ins gelebte Leben integriert werden.

Jung spricht über diesen Prozess als von der Hauptoperation der Individuation. Dies bedeutet, den eigenen Reichtum der Persönlichkeit nicht brachliegen zu lassen, sondern offen zu sein für neue Impulse, was dann eben dazu führt, dass man mehr der sein kann, der man von Grund auf ist.

Wie diese Impulse entdeckt und nutzbar gemacht werden können, soll im Folgenden anhand von acht Erkenntnisfragen deutlich werden.

7

Acht Fragen auf dem Weg der Selbstverwirklichung

Frage 1: Wer bin ich?

Hier geht es um die persönlichen Anteile, die uns bewusst sind. Es geht darum, in einer Art Bestandsaufnahme, Klarheit darüber zu gewinnen, was mir über mein bewusstes Ich bekannt ist. Eine klare, ernsthafte Einschätzung kann bereits erste Erkenntnisfortschritte liefern. Die theoretischen Grundlagen hierzu sind in Teil I nachzulesen (▶ Kap. 2.2).

Wie sehe ich meine Ich-Person?

Natürlich ist mein Ich mir von höchstem Interesse. Es geht mir um meine Befindlichkeit in meiner Umwelt, aber auch bewegt durch innere Impulse. Es ist uns wichtig, die Positionierung der Ich-Person in der eigenen Umwelt möglichst deutlich zu spüren und wenn möglich auch bewusst bestimmen zu können. So legen zum Beispiel die meisten Menschen viel Wert auf ihr Ansehen in ihrer Bezugsgruppe.

Eine wichtige Basis meiner Vorstellung von mir als Ich-Person ist mein Körper. Mein »In-meinem-Körper-Sein« und meine Beurteilung dieses Bezugs zu meinem Körper ist wohl eines der Hauptthemen, wenn es um unsere Identität geht. Die Frage lautet: Wer bin ich? – das heißt: Wer bin ich meistens? Da ja Identität ein dynamisches Gebilde ist – ist sie nicht zu lösen von der Beziehung zu dem Körper, den ich habe. Dürckheim spricht vom Leib, der ich bin (Dürckheim, 1983). So ist es verständlich, dass für viele Menschen zum Beispiel ihr Körpergewicht zu einem zentralen Lebensthema geworden ist.

Meine Einstellung zu meiner Ich-Person hat darüber hinaus auch damit zu tun, inwieweit ich das Gefühl habe, dass ich meine Stimmungen, meine emotionale Gestimmtheit, aus dem Willen meiner Ich-Person heraus mitbestimmen kann. Ich werde mich immer dann wohler fühlen, wenn ich nicht nur das Äußere meines Ichs, sondern auch die Stimmungen und Reaktionen aktiv mitsteuern kann. Kenne ich mein komplexhaftes Reagieren, wird es mir auch möglich sein, komplexhafte Verstimmungen oder ungewollte Stimmungen zu beeinflussen.

> **Ein Versuch, ichhaft zu steuern**
> Eine junge Frau hat eine interessante Tätigkeit an der Universität. Die Beziehung zum Partner ist manchmal schwierig, aber doch ganz gut lebbar. Morgens kommt sie meist nicht aus dem Bett und verschläft halbe Tage. Sie will klären, ob sie an depressiven Verstimmungen leidet und beginnt eine Therapie. Bald jedoch erkennt sie, dass sie ichhaft die Schwierigkeit dadurch lösen kann, dass der Freund morgens die Verdunkelung im Schlafzimmer aufhebt und sie sich mit Dusche und Kaffee in den Tag bringt. Die Erkenntnis, die morgendlichen Verstimmungen durch ichstarke Entscheidungen mitbestimmen zu können, wirkte lebensverändernd.

Wie orientiere ich mich mit meinen Funktionen?

Die Orientierungs- oder Grundfunktionen des Ichs (▶ Kap. 2.2), die Jung als einen möglichen Koordinator für das bewusste Erfahren der Welt, aber auch des eigenen Inneren entworfen hat, können eine sehr große Hilfe sein, um zu erkennen, wie das eigene Ich funktioniert.

Jungs Grundannahme dabei ist, dass wir mit vier Funktionen, das heißt mit zwei Wahrnehmungsfunktionen und mit zwei beurteilenden Funktionen, versuchen, Orientierung zu finden (▶ Abb. 7.1). Es ist spannend herauszufinden, welche Funktionen jeweils im Vordergrund stehen, wenn wir agieren oder reagieren.

Die vier Funktionskonstellationen
1. *Wahrnehmungsfunktion* introvertiert
2. *Wahrnehmungsfunktion* extravertiert

Ist meine Empfindungsfunktion introvertiert, ist die Intuition extravertiert (und umgekehrt)

1. *Urteilende Funktion* introvertiert
2. *Urteilende Funktion* extravertiert

Ist meine Fühlfunktion extravertiert, ist meine Denkfunktion introvertiert (und umgekehrt)

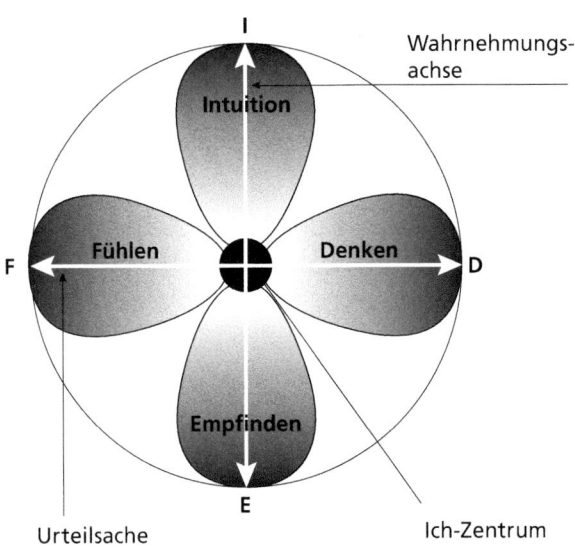

Abb. 7.1: Die vier Funktionskonstellationen (nach Adam, 2003, S. 41)

Nicht jeder hat die Möglichkeit, in Selbsterfahrungsprozessen (z. B. über aktive Imaginationen) herauszufinden, wie seine Funktionen ausgebildet sind und wie sie funktionieren. Aber es ist möglich, zu sehen, ob ich eher jemand bin, der gern und schnell mit seiner Intuition reagiert oder ob ich doch eher mit Klarheit und Sicherheit meine Empfindungs- und Realitätsfunktion nutze, wenn es darum geht, etwas zu erkennen – ob ich also eher extravertiert oder introvertiert mit der Intuition reagiere oder extravertiert oder introvertiert mit der Wahrnehmung der Realität umgehe. Dies lässt sich tendenziell beobachten und vielleicht auch im Austausch mit anderen klären.

Ebenso verhält es sich mit den beurteilenden Funktionen. Wir können beobachten: Bin ich jemand, der etwas schnell mit der Denkfunktion erfasst? Oder bin ich jemand, der langsam und somit auch introvertiert das Denken einsetzt? Auf der anderen Seite kann ich mich außerdem fragen: Ist es mit meiner Fühlfunktion eher so bestellt, dass ich die Dinge mit Fühlen und Spüren erkenne? Oder brauche ich da ein wenig Zeit und mache ich es eher so, dass ich introvertiert erst einmal in mir nachspüren muss, welche emotionale Reaktion sich bei mir einstellt, wenn ich einem Phänomen gegenüberstehe, das eine Fühlfunktionsreaktion auslöst?

Es ist äußerst hilfreich, wenn ich erkennen kann, ob bestimmte Funktionen bei mir im Vordergrund stehen und ob es vielleicht eine Funktion gibt, mit der ich mich besonders schwertue, was für mein Leben Orientierungsprobleme nach sich zieht. Habe ich Haupt- oder schwache Orientierungsfunktionen?

Jung hat sich persönlich mit seiner, wie er meinte, übermächtigen Denkfunktion auseinandergesetzt. Das Denken, eine Funktion der Vernunft, errichtet oft Barrieren zwischen dem Ich und der unbewussten Matrix. Darum sah Jung bei sich die Notwendigkeit der Beherrschung seiner Denkfunktion, um Inspiration, Intuition, die aus dem Selbst kommen will, zuzulassen.

Welche Persona-Aspekte zeige ich meiner Umwelt?

Der Begriff Persona, den Jung prägte, ist hilfreich, um sich klarzumachen, welche verschiedenen Rollen wir annehmen oder welche verschiedenen persönlichen Aspekte wir der Umwelt zeigen. Im Gegensatz zu früheren Zeiten ist es heute üblich, sich in verschiedenen Lebenswelten auch unterschiedlich zu verhalten und unterschiedlich offen Teile seiner Persönlichkeit zu offenbaren. Normalerweise gibt man sich im Berufsleben eher sachorientiert. So wird z. B. ein Kellner oder Verkäufer seinen Kunden gegenüber Freundlichkeit und Zuvorkommenheit anbieten, derweil er Kollegen, dem Chef, der Familie oder Freunden durchaus auch andere Seiten seines Wesens und seines Verhaltens zeigt (▶ Kap. 2.2.1).

Man kann sich grundsätzlich fragen: Wie sieht das aus, was ich im Beruf zeige? Gibt es einen Unterschied dazu, wie ich mich der Familie oder dem Partner, der Partnerin oder Freunden gegenüber zeige? Es wird wohl immer so sein, dass man verschiedene Aspekte der Persona zu verschiedenen Zeitpunkten in verschiedenen »Welten« mehr oder weniger hervorkehrt.

Interessant ist auch das Phänomen des Sich-Kleidens. Über die Art, wie wir Kleidung auswählen, zeigen wir natürlich auch, welche Aspekte der Persönlichkeit wir hervorheben oder nach außen zeigen möchten. Ganz nach Lebenswelt gibt es unterschiedliche Kleidungen oder auch Verkleidungen. Eine sehr seriöse noble Kleidung im Beruf wird oft abgewechselt mit einer legeren Kleidung im Privaten oder zumindest in den eigenen vier Wänden. Es kann sehr aufschlussreich sein, sich Gedanken darüber zu machen, welchen Kleidungsstil man bevorzugt. Wer sich fragt, welche Kleidung mit welchen Aspekten der Persona verbunden ist, kann viel über die eigene Persönlichkeit herausfinden.

Kleider machen Leute
Eine junge Studentin aus sehr gut situiertem Elternhaus, wollte sich von dieser Herkunft bewusst distanzieren. Sie lehnte eine Sonderstellung in ihrer Umgebung strikt ab. Gleichzeitig trug sie aber sehr edle und teure Kleidung, wodurch sie doch wieder besonders auffiel. Die Persona, die sie der Außenwelt zeigte, war letztlich doch die einer reichen Tochter, die sich reich und edel kleidete. Ihr Kleidungsstil verriet ihren Stolz auf ihre noble Herkunft, die ihr bewusst eigentlich peinlich war.

Zum Persona-Thema gehört auch die Frage von Distanz und Nähe zu den Personen in meiner Umwelt. Symbolisiert könnte man auch fragen: Wie halte ich es mit meinem »Gartenzaun« um mein »Ich-Person-Haus«? Wem öffne ich die Pforten zu meinem Haus und meinen verschiedenen Etagen und wer bleibt eher außen vor?

Meine Persona-Aspekte kann ich dann einsetzen, wenn ich, aus welchen Gründen auch immer, meine Gefühlswelt und meine intimen emotionalen Aspekte nicht zeigen möchte. Es scheint für die psychische Gesundheit eines Menschen, der in unserer modernen Welt in Mitteleuropa funktionieren will, sehr wichtig zu sein, dass er gut differenzieren kann zwischen den Bereichen seines Lebens, in denen er sich offen und mit seinen intimen Regungen zeigt, und den Lebensbereichen, in denen mit personahaftem Verhalten eine gewisse Distanz gehalten wird, womit auch ein Schutz gewährleistet ist. Somit bietet die Persona auch Schutz gegen ungewollte Einmischung oder Informationswünsche anderer.

Dazu ist es hilfreich, die Wirkung meiner verschiedenen Persona-Aspekte zu kennen, um dann bewusst entscheiden zu können, welche eingesetzt werden sollen. Optimal ist es, wenn ich vom Ich her entscheiden kann, ob ich in bestimmten Situationen eher personahaft reagiere oder ob dies nicht notwendig ist und ich meine echten Emotionen und die vielen Persönlichkeitsaspekte offen zeigen kann oder nicht.

Vielleicht ist es auch so, dass wir den Begriff Ich-Stärke mit einem gelungenen Umgang mit meiner Persona (sowie eine möglichst gute Differenzierung aller Ich-Funktionen) in Verbindung bringen. Jedenfalls scheint eine gute Ich-Stärke viel damit zu tun zu haben, dass ich bewusst entscheiden kann, wie ich mich orientiere und wie ich mich klugerweise so verhalte, dass ich ein starkes Ich-Gefühl habe und mir bewusst bin, dass ich Einfluss auf mein Verhalten habe. Jeder kann also mitentscheiden (auch in kürzesten Augenblickssituationen), welche Persona-Situation er herstellen möchte bzw. wie er sich in der jeweiligen Situation gegenüber zeigen und verhalten möchte.

Wo öffne ich mich wie?

Gesprächssituationen mit Kollegen
In der beruflichen Lebenswelt ist es oft sinnvoll, die inneren Beweggründe für mögliche Antigefühle Vorgesetzten gegenüber zu verbergen. Auch ist es oft ratsam, die persönlichen familiären Konflikte nicht jedem Kollegen im Detail zu erzählen. Jedenfalls muss jeder für sich bewusst prüfen, wie personahaft er im Berufsleben auftreten will. Eine bewusste Entscheidung ist deutlich besser, als irgendwie mit Kollegen in Fraternitäten zu geraten, die man eigentlich nicht will.

Gesprächssituationen mit Freunden
Die Möglichkeit, mit Freunden jenseits von Personaüberlegungen sprechen zu können, ist ein großes Geschenk. Eine differenzierte Betrachtung der Antigefühle gegenüber Vorgesetzen sowie auch die Reflexion von familiären Problemen und von ganz persönlichen Themen, wie z. B. die Liebe, bedeutet psychologisch gesehen eine gute Lebensqualität. Aber auch hier stellt sich immer wieder die Frage, wie weit will ich mein Tor zu

meinen ganz persönlichen Zimmern meines seelischen Hauses öffnen. Da man bekanntlich Vertrauen schenken muss, ist es immer sinnvoll, dem Akt dieses Schenkens ein Stück Reflexion vorausgehen zu lassen. Sich Partner und Freunden gegenüber so geben zu können, wie man ist, bedeutet viel Lebensglück.

Gefahr der Persona-Identifikation
Die frühere Warnung (▶ Kap. 2.2.1) aufgreifend kann es für manche Menschen eine Gefahr darstellen, wenn sie sich übermäßig mit ihrer Persona identifizieren. So z. B. der Psychotherapeut, der immer in seiner Rolle bleibt und seine diagnostisch-pathologisierende Brille nicht absetzen kann. Meist verbirgt sich hinter einer solchen Haltung soziale Unsicherheit oder das Bedürfnis durch personahaftes Gebaren Überlegenheit vorzutäuschen.

Wie sieht es mit meinem Ich-Selbstwert aus?

In unserer modernen Welt sind die Themen Selbstwert und Minderwertigkeitsgefühle zunehmend wichtig geworden. Fast jeder kann etwas darüber sagen, ob es Bereiche gibt, in denen er persönlich Minderwertigkeitsgefühle erleidet. Für viele Menschen haben ihre Minderwertigkeitsgefühle eine große und ungute Bedeutung.

Auf- und Abstieg – nicht nur im Traum
In den Träumen vieler Menschen befinden sich die Träumer in Hochhäusern. Die Situation da hoch oben ist meist irgendwie bedrohlich und oft will der Träumer von oben heruntersteigen, aber es gibt Hindernisse und Gefahren. Oder der Träumer droht hinunterzufallen. Diese für unsere heutige Lebenswelt so typischen Träume zeigen, dass das zu hohe Haus gefährlich ist.

Symbolisch werden damit oft die zu hoch angesetzten Ansprüche dargestellt, die zum Problem geworden sind. Das Hinabmüssen, ist dann ein dringlicher Appell des Unbewussten. Nachts im Traum erleben wir, wie uns zu einem für uns normal-menschlichen Maß geraten wird. Vielleicht reicht ja eine Wohnung im zweiten Stock?

Minderwertigkeitsgefühle sind oft verbunden mit früheren komplexhaften Lebenserfahrungen, die man als Ich-Person abgespeichert hat. Zum Beispiel durch Minderungen im Elternhaus. Aber es gibt auch andere Bereiche, die den Hintergrund für Gefühle von Minderwertigkeit abgeben können. So sind es nicht selten hohe Anspruchshaltungen, Riesenansprüche bis hin zu Größenphantasien, die im Ich Minderwertigkeitsgefühle provozieren. Aus dem Anspruch nach besonderer Schönheit, Klugheit, Leistung oder nach einem anspruchsvollen Lebensstil kann sehr leicht das Gefühl unglücklicher Minderwertigkeit entstehen. Es sind also oft die unerfüllten überhöhten Ansprüche und Größenvorstellungen, die Minderwertigkeitsgefühle auf den Plan rufen.

So kann ein ständiges »Enttäuscht-und-beleidigt-Sein« mit der eigenen Situation in der Welt eine bestimmte Prägung der Gesamtstimmung der Persönlichkeit mit sich bringen. Es ist zwar ein menschlicher Wunsch, möglichst kein »kleines«, sondern ein ganz besonderes Leben zu führen, aber besonders sein zu müssen und dies nicht ausgestalten zu können, kann zu einem dauerhaften Minderwertigkeitsgefühl führen.

In der Jung'schen Tiefenpsychologie sprechen wir von einer archetypischen Grundausstattung des Menschen, die auch beinhaltet, dass ein guter Selbstwert erlebbar sein sollte. Jung spricht im *Roten Buch* von der Teilhabe des Menschen am göttlichen Wesen: »Der Mensch hat am Wesen der Götter teil, kommt von den Göttern und geht zu Gott« (*Das Rote Buch*, S. 349). Dabei meint er zum einen die Teilhabe an den »hellen Göttern« der Himmelswelt, aber auch an denen der dunklen Erdenwelt. Früher sprach man davon, dass wir Menschen alle in Gottes Hand sind, und die christlichen Vorstellungen sind geprägt von der Idee, dass wir in der Nachfolge Christi zu einer Teilhabe am Göttlichen gelangen können (Christifikation der vielen). Mit solchen Vorstellungen geht die Gefahr einher, dass sich inflationäre Größenphantasien einstellen. Aber wichtig ist, dass es nicht um eine Identifikation mit Größenselbstwert und Gottesgleichheit geht, sondern klugerweise um die Teilhabe am Göttlichen, wodurch man zu einer tiefen, positiven, starken Selbstwertsituation gelangen kann.

In Nietzsches Zarathustra-Seminaren wird Jungs Dauerwarnung vor einer Inflation deutlich. Aber auch die gesunde Vorstellung von einem hohen, starken und großen Selbstwert des einzelnen Menschen, der als Kraftressource für die Bewältigung des eigenen Lebensweges und für die Gestaltung des eigenen Individuationsweges bereitliegt. Die Vorstellungen von einer götterähnlichen Werthaftigkeit des Menschen können zu einer gesunden Grundlage für die Betrachtung des eigenen menschlichen Selbstwerts werden.

Frage 2: Was verberge ich?

Nachdem wir die Aspekte beleuchtet haben, die uns bereits mehr oder weniger bewusst sind, bewegen wir uns nun in den unbewussten Teil der Persönlichkeit (▶ Kap. 2.3.1).

Ging es bei den bewussten Anteilen vorwiegend darum, sich eigentlich schon bekannte und meist für alle sichtbare Eigenschaften zu verdeutlichen, ist die Erforschung des Unbewussten viel mehr noch mit dem Bewusst-Machen und Ins-Bewusstsein-Holen verschiedener Aspekte und Eigenschaften verbunden. Dies gelingt nicht immer nur in der einfachen Selbstbetrachtung. Hierzu seien noch einmal die spezifischen Methoden der Analytischen Psychologie empfohlen (▶ Kap. 5).

Was ist in meinem Schattenkomplex enthalten?

Wir wollen hier drei für uns Menschen immens wichtige Grundimpulse betrachten: aggressive, sexuelle und Habenwollen-Impulse.

Aggressive Impulse gehören zu einem dynamischen Leben und wollen auch gelebt werden. Starke Aggressionsverdrängung, die womöglich ganz unbewusst stattfindet, kann im Extremfall krank machen. Dabei sollten wir natürlich die gut gelebten, *aggrederen* Impulse von den destruktiven, *aggressiven* Impulsen unterscheiden.

Es gehört im Grunde zur persönlichen Lebenskultur herauszufinden, wie wir unsere Aggressivität positiv für uns selbst und für andere leben können. Es scheint wichtig, bewusst auf diese Impulse zu schauen und zu sehen, wie man sie ins Leben integrieren kann.

> **Guter Umgang mit »böser« Aggression**
> Eine ältere Dame leidet seit ihrer Pensionierung unter Aggressionsattacken, die sich für sie als Verstimmung anmelden und dann ihren Nächsten gegenüber schon bei einem kleinen Anlass entladen. Die Beschimpften reagieren verstört und die Dame ist selbst sehr unglücklich darüber. Sie sucht therapeutische Hilfe, wo nach den Hintergründen für diese Aggressionsanfälle gesucht wird.
>
> Wutanfälle hatte sie in der Kindheit den Brüdern gegenüber, später jedoch floss diese aggressive Dynamik in ihre Ausbildung und die beruf-

> liche Welteroberung. Im Ruhestand fehlt es nicht an interessanter Aktivität, es kommt jedoch zu diesen Entladungen.
>
> Eine neue, mehr annehmende Einstellung diesen Affekten gegenüber, brachte Entlastung und ein kluger Umgang mit der aufkommenden Dynamik musste gefunden werden. Die Lösung: Die Dame meldete die von ihr erkannten Ärgeraffekte ihren Nächsten gegenüber an, und das Geschehen konnte so entpathologisiert und entdramatisiert werden.

Gerade die verborgenen aggressiven Tendenzen, die aufgrund ihrer Unbewusstheit leicht destruktiven Charakter annehmen können, wollen beachtet werden. Sie sind nach der Jung'schen Vorstellung in unserem Schattenkomplex angesiedelt und auf einem bewussten Individuationsweg ist es, so Jung, die erste große Aufgabe, diese Schattenimpulse zu erkennen. Dazu mag es hilfreich sein, Kritik und Anregungen von anderen – von unserer Umwelt, Freunden, Beziehungspartnern – anzunehmen, die sich von unserer Aggressionsdynamik gestört fühlen und denen es auffällt, dass man Aggression unbewusst auf ungute Weise auslebt. Schafft man es, diese aggressiven Impulse bewusst in eine Gestaltung zu bringen, bedeutet dies Dynamik. Die Aggression wird so positiv umgenutzt und zum Impulsgeber für Progression.

> **Aggressionsverdrängung kann krank machen**
> Ein älterer Mann hatte sich seiner Frau gegenüber in eine untergeordnete Position gebracht und sich damit abgefunden. Sie ging sehr aggressiv mit ihm um und er verdrängte seine Wut über diese Behandlung. Der Mann wurde depressiv und konnte erst durch eine Therapie, bei der er seine Aggressionen erkannte und sie seinerseits mehr in die Ehebeziehung einbrachte, seelisch gesunden.

Sexuelle Impulse sind eine natürliche und wesentliche Ausstattung jedes Menschen. Wie sollte es auch anders sein, da ja die Natur bei allen Lebensformen grundsätzliches Interesse hat, dass Fortpflanzung stattfindet. Ich persönlich kann mich nun fragen: Wie sieht es mit meiner persönlichen sexuellen Triebhaftigkeit aus? Spüre ich eine starke Dynamik aus diesem Triebbereich? Oder bin ich jemand, der sich weniger stark von innen heraus, von der Triebausstattung gedrängt fühlt? Es scheint ganz wichtig zu sein, sich hier Klarheit zu schaffen. Viele Menschen verleugnen ihre sexuellen Triebimpulse und verbergen sie im Schatten, andere wiederum verbergen ihr geringes Interesse an Sexualität. Die persönliche Gleichung dieser Triebdynamik gegenüber ist für jeden Einzelnen wichtig. Bewusstmachung kann das Leben deutlich klarer und auch entspannter machen.

Dies bedeutet: Die Klärung und Anerkennung meiner individuellen sexuellen Impulskraft ist eine Klärung, die bedeutet, dass im Schatten liegende sexuelle Impulse klar werden. Im *Roten Buch* bringt Jung eine große Polarität zur Sprache. Er spricht von Geschlechtlichkeit versus Geistigkeit. Er umschreibt dies mit der Symbolik der Schlange, die im Gegensatz zum weißen Vogel steht. Die Schlange steht für die Triebwünsche und der weiße Vogel für Wünsche, die im Denken, im Intellektuellen wurzeln (▶ Abb. 7.2 sowie *Das Rote Buch*, S. 350).

Diese Polarität existiert in jedem Menschen, und es lohnt sich, sich seiner persönlichen Gewichtung dieser Pole bewusst zu werden. Wenn ich im sexuellen Bereich meine Dynamik vorurteilslos kenne, kann ich viel besser damit umgehen und für diese Impulse gangbare Wege und Lösungen finden.

> **Was mache ich mit meinen sexuellen Impulsen?**
> Ein junger Mann kam wegen seiner depressiven Verstimmungen in die Therapie. Er hatte vom Hausarzt Antidepressiva bekommen, was seinen Zustand nicht wesentlich besserte. Es zeigte sich, dass er am Wochenende obsessiv pornografische Filme konsumierte, aber selbst noch nie sexuellen Kontakt hatte. Offensichtlich führten u. a. seine ungelebten sexuellen Impulse zu seinen depressiven Verstimmungen. Schon die Anerkennung seiner unerfüllten Wünsche brachte Entspannung und er konnte sich auf den Weg hin zu Sexualität und Liebe machen.

Als dritten wesentlichen Impuls möchte ich noch das Habenwollen nennen. Dieser ist im Grunde Voraussetzung für dynamischen Fortschritt, denn ohne das Bedürfnis, Dinge zu wollen, gibt es nur lethargischen Stillstand. Grundsätzlich scheint das Habenwollen zunächst einmal notwendig, um die fundamentalen Grundbedürfnisse zu befriedigen. Aber es kommen außerdem noch viele Wünsche im Lauf des Lebens auf, die nicht existentiell zu sein scheinen, aber durchaus als drängend erlebt werden. Wird die Sehnsucht nach Reichtum, nach beruflichem Erfolg oder Anerkennung verdrängt, das heißt im Schatten »geparkt«, können diese Impulse nicht fruchtbar werden für den persönlichen Fortschritt und die Individuation. Darum ist die Erkenntnis dieser Sehnsüchte und Wünsche äußerst wichtig. Denn nur so können sie positiv beachtet und gelebt werden. Bleiben die

Abb. 7.2: Die Polarität von Schlange und Vogel, hier dargestellt durch Mercurius als »vereinigendes Symbol« (Valentinus, Duodecim claves, 1678).

Wünsche im Schatten verborgen, stellt sich oft die Begleitemotion des Neids ein. Neid auf diejenigen, die ihre Sehnsüchte und Wünsche leben.

> **Das hässliche Entlein**
> Eine Studentin litt sehr unter ihrem Äußeren, ihrer Meinung nach sah sie »völlig Scheiße aus«. Sie zog sich in ihr Zimmer zurück und lernte fürs Studium. Als es dann Studienprobleme gab, war die Verzweiflung groß und sie begab sich in eine Therapie. Es zeigte sich ein unbewusster Riesenanspruch in Bezug auf Schönsein und Begehrtwerden, der erst einmal erkannt werden musste.
>   Der Gram über ihr »Sosein« konnte sich mildern, als sie lernte, sich im Sinne von mehr Selbstfürsorge selbst etwas zu gönnen. Ihr starkes »Habenwollen« in punkto Schönheit konnte sie etwas dazu umlenken, »sich selber wohlzutun«.

Gibt es ungelebte Lebensimpulse?

Häufig liegen im Schatten der Seele vieler Menschen Wünsche nach Gestaltenwollen und nach freudvollem Engagiertsein verborgen und werden aus verschiedenen Beschränkungen heraus nicht gelebt. Bei vielen wurde die Entwicklung bereits in Kindheit und Jugend aus der Familie heraus beschränkt oder es führen Minderwertigkeitsgefühle zur Verdrängung dieser Dynamik. Die verdrängten Lebensimpulse, etwas mitgestalten oder bewegen zu wollen, geben aber meist keine Ruhe. Sobald sich entsprechende Projekte auftun, melden sich die Wünsche. Werden sie verdrängt, ist dies eine traurige Angelegenheit.

In Verbindung mit dem Gestalten-Wollen gibt es bei vielen Menschen auch Begabungen zum künstlerischen Ausdruck. Schöpferische Impulse in Richtung Malen, Musik, Schauspielerei oder Tanz werden oft gespürt, aber aus Scheu oder Mutlosigkeit verdrängt und in den Schatten verbannt. Zu Unrecht. Denn die Erkenntnis dieser Impulse macht das Leben oft sehr viel lebenswerter, und sind sie einmal erkannt, erspürt und zugelassen, finden sich insbesondere in unserer modernen mitteleuropäischen Welt viele Wege, künstlerisches und schöpferisches Impulsgeschehen des Inneren im guten Sinne zu leben. Viele entdecken beispielsweise das Malen, Fotografieren und Theater spielen für sich. Oder erleben einen persönlichen Zugewinn durch Reisen, Betreuen, Beraten oder auch das Verstehen des eigenen Inneren und der Träume und das Erweben von mehr Weisheit.

> **Schöpferische Impulse spüren und verwirklichen**
> Ein Mann mit 55 war in seinem anspruchsvollen Beruf sehr erfolgreich, auch familiär gab es Zufriedenheit mit der Ehe und den studierenden Kindern. Er litt aber zunehmend unter Verwirrungsgefühlen, wenn er in seiner Freizeit für die Familie im Haus etwas erledigen sollte. Er konnte sich schlecht konzentrieren und schon kleine Aufgaben konnten ihn unter starken Druck setzen.
>
> Bei der Reflexion seines Lebens, wurde deutlich, dass er vor seiner Berufs- und Familienphase eigentlich hatte Künstler werden wollen. Er hatte Sinn für schöpferisches Tun und großes Talent fürs Malen.
>
> Jetzt, nach Abschluss der Familienphase, meldeten sich die schöpferischen Impulse wieder. Zuerst einmal als Verwirrung. Schließlich aber hatte er Träume und Ideen, die ihm aufzeigten, wie sich nun doch noch künstlerisches Tun in sein Leben bringen lassen könnte. Er begann zu fotografieren, machte eine Fotoausstellung und lebte damit neu auf.

Nicht zuletzt gibt es die Abenteuerimpulse, die das Leben bereichern können. Abenteurer oder Abenteurerin sein bedeutet sehr oft, spannende Lebensdynamik zu erzeugen und mutig Neues auszuprobieren und Abenteuerwege einzuschlagen. Der Abenteurer in uns ist der, der spürt, dass es Erfahrungen gibt, die jenseits des Alltäglichen ein Mehr an Lebenserkenntnis vermitteln können. Der Abenteurer in uns verlässt die enge Überbetonung des »Verwurzelt-Seins« im Alltagsleben und bringt Aufbruch hin zu neuen Erfahrungen.

Wenn ich klären will, wie es mit dem Abenteurer in mir aussieht, muss ich schauen, ob diese Wünsche verdrängt in meinem Schatten liegen und ob sie sich beispielsweise in Träumen oder Tagesphantasien zeigen, ob ich neidisch bin auf andere, die ihr Abenteurertum mehr leben. Werden die Abenteuerimpulse ins Leben gebracht, wird ihnen Raum gegeben, zeigt sich häufig eine neue »Verlebendigung«. Die aus dem Schatten erlösten Abenteuerimpulse sind es, die eine womöglich eng gewordene Lebensführung erweitern und mehr Leichtigkeit im Lebensgefühl ermöglichen.

> **Reisen auf neue Weise in unbekannte Welten**
> Abenteuerreisen sind für die meisten Menschen faszinierend. In der Presse und im Internet werden wir durch die Reiseberichte anderer immer wieder in Bann gezogen.
>
> Ein älterer Professor wurde vom Abenteuerfieber ergriffen, kaufte sich ein Motorrad und fuhr über Südeuropa in den Orient. Er machte dort einen Sprachkurs und erlebte sich als Alleinreisender auf ganz neue Weise. Er war vorher immer mit der Familie gereist und genoss diese neue, für ihn abenteuerliche Reiseform und das Erleben eines für ihn neuen Teils seiner Persönlichkeit als große Bereicherung.

Wie gehe ich mit meinen Schattenimpulsen um?

C. G. Jung spricht in Verbindung mit der Akzeptanz des Schattens vom Gesellenstück auf dem Weg zur Meisterschaft auf dem Bewusstseinsweg (vgl. GW9/1, §61). Die Grundidee ist, die im Schatten verdrängten Emotionen und Phantasien kennenzulernen und diese Erkenntnisse als Aufgabe zu verstehen. Das Wissen um meine verdrängten Impulse ist der erste Schritt, und die Auseinandersetzung mit ihnen muss zu einem individuellen Umgang mit diesen Impulsen führen. Umgang bedeutet dann nicht unreflektiertes Ausleben der nun erlösten und zugelassenen Emotionen, sondern

Arbeit mit den Schattenimpulsen. Dies fordert von uns, differenzierte Wege finden, wie das ungelebte Schattenleben gelebt werden kann, ohne dass dies zu belastenden »Revolutionen« im Leben führt, die das bewusste Ich vielleicht aus guten Gründen nicht wünscht.

Es geht also um eine ichhafte, bewusste Auseinandersetzung mit den Impulsen und darum, zu klären, wie sehr ich meine Schattenimpulse leben möchte? Was möchte ich mit ihnen tun und zu welchen Verdrängungen entscheide ich mich? Neumann spricht von der Freundschaft mit dem Schatten: »Der Schatten ist der Torhüter, nur die Freundschaft mit dem Schatten führt zu Freundschaft mit dem Selbst« (Neumann, 2004, S. 282). Also auch hier gilt: Die Annahme und die Befreundung mit den verdrängten Impulsen ist eine wichtige Voraussetzung, zu einem selbstbewussten und in sich selbst ruhenden Lebensgefühl zu gelangen.

Wenn man sich Gedanken über den Umgang mit den Schattenthemen macht, ist auch der Vorgang der Projektion von Bedeutung. Wir können davon ausgehen, dass unsere im Schatten verborgenen Impulse immer wieder in die Projektion nach außen gehen. Dies hat den Vorteil, dass sie nicht im Schatten wie in einem Grabe ruhen, sondern die Tendenz besteht, diese emotionalen Vorgänge in der Außenwelt zu erleben. So kann man sich mit ihrer Dynamik besser auseinandersetzen und die innere Schattenwelt bleibt ein Stück weit lebendig, das heißt die verdrängten Emotionen und Themen bleiben im »Spiel des Lebens«.

Aber es hat eben auch einen Nachteil: Auf oft perfide Weise werden die Emotionen aus dem Schatten projiziert und meist anderen Menschen »in die Schuhe geschoben«. Auf diese Weise bleibt die Auseinandersetzung mit den Schattenemotionen meist ein unbewusster Vorgang, der nicht selten fürs eigene Leben und oft auch für andere negative Folgen haben kann. Eine nicht erkannte Projektion von Schatten auf andere ist zwar »das große Spiel des Lebens«, das in allen Romanen (denken wir beispielsweise an Kriminalromane), Gestaltung von Literatur und Theater ein großes Thema ist. Aber auf dem Weg zu einem bewussten Leben sollten die Projektionen möglichst erkannt und die Auseinandersetzung mit sich selbst und nicht auf unbewusste Weise mit anderen stattfinden. Für Projektionen sind besonders Themen rund um Sexualität sowie Machtgefühle geeignet. Diese ungeliebten Emotionen werden in die Außenwelt, auf andere Menschen, projiziert und dort mit Nachdruck bekämpft.

> **Wenn es dem Nachbarn nicht gefällt**
> Eine sexuell frustriere Frau meint, durch die vorgezogenen Vorhänge im Haus gegenüber zu sehen, dass die Nachbarin einen Liebhaber zu Gast hat. Nach einigen unguten Verwirrungen entpuppt sich diese Wahrnehmung als falsch. Es handelte sich um eine massive Projektion.

Wie stehe ich zum kollektiven Schatten?

Die Analytische Psychologie geht davon aus, dass neben dem persönlichen Schatten so etwas wie ein archetypischer, das heißt kollektiver Schatten in jedem vorhanden ist. Man könnte sagen: Die Voraussetzung oder die Möglichkeit zum sogenannten absoluten Bösen könnten wir als archetypischen Schatten bezeichnen. Im *Roten Buch* spricht Jung von der Polarität Gott-Sonne und Gott-Teufel (vgl. *Das Rote Buch*, S. 348). Dies bedeutet wohl, dass neben dem sonnenhaften Göttlichen auch das Teuflische mit der Möglichkeit zum absolut bösen Fühlen und Handeln benannt werden kann.

Die Auseinandersetzung mit der Veranlagung zum absolut Bösen im Menschen bedeutet eine sehr ernste und besinnliche Klärung der Frage, wie ich zu diesem Phänomen des archetypischen Schattens stehe. Die Projektion dieser menschlichen Dunkelheit auf andere, womöglich auf einzelne »Teufelsmenschen«, wie sie in der Geschichte oder im Weltgeschehen immer wieder geschehen ist, scheint nicht lebensklug zu sein. Eine besinnliche Akzeptanz der dunklen und teuflischen Möglichkeiten im Menschen (durch welche Bedingungen auch immer ausgelöst) scheint für einen weisen Umgang mit diesem Thema und für die Suche nach Verhinderung und Begrenzung von destruktiven Ausbrüchen des archetypischen Schattens sinnvoll zu sein.

> **Die dunklen Abgründe der Seele**
> Die Themen politischer und religiöser Fanatismus und Terrorismus beschäftigen uns alle. Was sind das für Dunkelheiten der menschlichen Seele? Es sind auch die drei großen politischen Gestalten des 20. Jahrhunderts Hitler, Stalin und Mao, die uns fassungslos nach möglichen teuflischen Impulsen im Menschen fragen lassen.

In der Jung'schen Tiefenpsychologie versuchen wir mit dem Konzept des kollektiven Schattens diese Dunkelphänomene nicht nur als Sonderfälle abzutun, sondern sehen eher eine solche Potentialität des Dunklen in jeder menschlichen Seele.

Dies zu akzeptieren könnte ein erster Schritt sein, um mit dem Thema besser umgehen zu können. Der kollektive Schatten, man könnte auch in Symbolsprache vom Teuflischen sprechen, sollte nicht unbewusst verbannt werden. Die Gefahr der unbewussten Projektion ist einfach zu groß.

Im Ringen mit diesen Dunkelkräften könnte möglicherweise ein Weg sein, sie zu erkennen, anzuschauen, mit gebotener Achtsamkeit abzulehnen und sich mit Grausen abzuwenden. Vielleicht kann dies helfen mit diesem extrem schwierigen Thema reifer umzugehen.

Frage 3: Was habe ich gelernt?

Jeder Mensch ist natürlich auch eine Gewordenheit durch seine Biographie. Man kann fragen: Was haben Kindheit, Schule, Freunde, meine Erfahrungen mit der Liebe usw. aus mir gemacht? Wie stark diese Erfahrungen in das Jetztleben hineinspielen, haben wir insbesondere vom »Altmeister der Psychoanalyse« Freud gelernt. Er war der große Pionier in Bezug auf die Erkenntnis, dass Impulse aus dem Unterbewussten das Jetztleben deutlich mitbestimmen. In der Analytischen Psychologie sind es die gespeicherten Lebenserfahrungen, insbesondere die emotionalen Erfahrungen, die mit dem gelebten Leben zusammenhängen, die wir uns als die Inhalte unserer persönlichen Komplexe vorstellen. Meine heutige Sicht auf die Phänomene meiner Umwelt ist zu einem nicht unbeträchtlichen Teil von meinen Lebenserfahrungen geprägt. C.G. Jung sprach von den Komplexen, also den gespeicherten Lebenserfahrungen, als energetische Brennpunkte der eigenen Persönlichkeit (▶ Kap. 2.3.1).

Die Erkenntnis dieser Tatsache ist für mein persönliches Leben umso wichtiger, je mehr ich feststelle, dass ich nicht immer ganz angepasst in meinen Lebenssituationen reagiere. Das Wissen um Emotionen, die aus früheren Lebenserfahrungen stammen und immer mit hineinspielen, kann sehr hilfreich sein, wenn es darum geht, realitätsangepasste Verhaltensweisen und die dazu gehörenden Emotionen zu zeigen.

Die Inhalte unserer Komplexe kann man sich auch (vgl. Kast, 2007, S. 13) als Komplexepisoden vorstellen, also nicht nur einzelne emotionale Erfahrungen, die abgespeichert wurden, sondern ganze Episoden, die zu einem Thema gehören. Möglicherweise sind dies Erfahrungen, die sich oft wiederholt haben. Also immer dann, wenn dieses und jenes passierte, habe ich diese oder jene Emotionen erlebt, die dann abgespeichert wurden.

Somit erklärt sich auch, dass man oft auf bestimmte soziale Situationen komplexhaft reagiert, weil es einfach ein Wiedererkennen von Komplexemotionen ist, die sich stark eingeprägt haben. Oft braucht es nur ein Element in einer sozialen Situation, das an schwierige Erfahrungsepisoden erinnert, und schon werden die daran hängenden Komplexinhalte aktiviert und die heutige soziale Situation wird mit den »emotionalen Augen« von damals gesehen.

> **Es verunsichert mich immer noch**
> Eine Frau hatte als Schülerin erlebt, dass ihr Klassenlehrer sie in einer übergriffigen Weise auf ihre großen Brüste ansprach und auch immer wieder auf ihre Brüste schaute. Dies hatte sie als frühpubertäres Kind sehr verstört.
>
> Im Sinne einer Komplexepisode wirkten diese Erfahrungen in ihrem Leben nach. Immer dann, wenn sie noch heute meint, jemand schaue auf ihre Brüste, fühlt sie sich verunsichert und verstimmt. Erst die Erkenntnis der Entstehung dieses Komplexes sowie dessen fortwährenden Einflusses auf ihr Leben brachte Entlastung.

Wie werden meine persönlichen Komplexe wirksam?

Da es sich ja bei den Komplexinhalten um verdrängte emotionale Erfahrungen handelt, sind sie zunächst einmal unbewusst. Die Aufgabe besteht darin, möglichst viel Erkenntnis zu bekommen über diese Komplexinhalte in meinem persönlichen Unbewussten. Die klassische Form, an diese Erkenntnis zu gelangen, ist eine tiefenpsychologisch-analytische Selbsterfahrung oder Psychotherapie. Leider ist es nicht jedem möglich, professionelle Hilfe zur Auffindung der eigenen Komplexinhalte zu erhalten, aber es gibt auch andere Wege, Kompleximpulse zu erkennen. Wichtig scheint es zu sein, sich immer wieder zu fragen: Was könnte hier von früher in mein heute gelebtes Leben hineinspielen?

Erkenntnis über meine Komplexinhalte kann ich auch über meinen Projektionsmechanismus erhalten. Bin ich besonders emotional engagiert bei problematischem Verhalten oder bestimmten Themen, die ich in der Außenwelt wahrnehme, so kann ich mich reflektierend fragen: Könnten eigene Komplexe hierbei eine Rolle spielen? Jegliche Überreaktion bei bestimmten Themen können sofort den Verdacht auf eigene Komplexhintergründe aufkommen lassen.

> **Mein fauler Bruder**
> Das kennen viele: Die Faulheit anderer ist einem ein Dorn im Auge. Es wird geschimpft auf die, die vermeintlich unverdient Vorteile haben. Ein prominentes Beispiel ist die Ablehnung gegenüber Hartz-IV-Empfängern, die es sich womöglich in der sozialen Hängematte bequem machen, ohne es wirklich verdient zu haben. Wer solche Aversionen spürt, kann in sich hineinhören und versuchen herauszufinden, woher ihm dieses Gefühl bekannt ist. Ist ein Komplex beteiligt?
>
> Ist es vielleicht der Neid auf den Bruder, der früher immer alles bekommen hatte, obwohl er nur wenig zu geben bereit war. Der Mann selbst hatte sich immer abgemüht, um die Anerkennung der Eltern zu bekommen, und ihm fiel sie einfach zu, eigentlich völlig unverdient! Die Wut auf die »faulen« Hartz-IV-Empfänger ist also eigentlich ein altes komplexhaftes Gefühl, zurückgesetzt zu werden, das aus der Kindheit herrührt.

Wie gehe ich mit meinen Kompleximpulsen um?

Viele Menschen grämen sich über ihre alten Lebenserfahrungen. Gerade hier ist es sinnvoll und angebracht, die emotionalen Abspeicherungen genauer anzuschauen und sich zu fragen, wo denn das Alte in das heutige Leben hineinspielt.

Da es mittlerweile in Mitteleuropa eine Art psychologische Kultur gibt, ist es durchaus möglich, mit Freunden bzw. mit interessierten Mitmenschen über eigene komplexhafte emotionale Dynamiken zu sprechen. Es gibt viele Angebote wie Gesprächs- oder Selbsterfahrungsgruppen, die es ermöglichen, sich tiefer über das Thema Komplexe auszutauschen. Nicht zuletzt sind es Partner, Familienangehörige oder enge Freunde, die aus ihren Beobachtungen heraus auf mögliche unbewusste Komplexwirksamkeit hinweisen können. Auch hier gilt es, offen zu sein.

Habe ich erst einmal Wissen über die Ausstattung meiner Komplexe erlangt, kann ich auch lernen, wie ich mit diesen Kompleximpulsen umgehe. Lebenssituationen werden oft durch die Einwirkungen von komplexhaften Verstrickungen verkompliziert und es ist daher eine wichtige, wenn auch schwierige Aufgabe, die Kompleximpulse zu beherrschen.

Erkenntnis mag da immer der erste wichtige Schritt sein, aber dann folgt das wache Achten auf die Wirkungen und als nächster Schritt ein Innehalten im emotionalen Reagieren. Es mag sein, dass die Schritte von der Erkenntnis über das Innehalten hin zum sinnvollen Beherrschen Geduld verlangen. Aber mit Vertrauen auf die eigene Ich-Stärke und eventuell mit Unterstützung von Dialogpartnern kann es doch gelingen, komplexhafte Impulse einzugrenzen oder sogar weitgehend zu beherrschen.

Auf der anderen Seite zeigt die Lebenserfahrung, dass der Gram über das komplexhafte Geschehen in meinem Leben und alle Anstrengungen dazu nicht immer zur gewünschten Veränderung führt. Dann kann es wichtig sein, zu einer annehmenden und auch versöhnlichen Haltung gegenüber diesen Abspeicherungen und ihren Wirkungen zu kommen. Es sind eben »meine Ecken und Kanten«, meine Marotten. Wenn ich auch mir und anderen aufgrund meines komplexhaften Fühlens und Verhaltens oft Ärger mache, so weiß ich, dass diese Anteile doch auch zu den Komplexbrennpunkten meiner Persönlichkeit gehören.

> **Die Wut gehört zu mir**
> Ein gestandener Mann hat zwar erkannt, dass sein Gram über den Missbrauch bei Hartz-IV-Empfängern stark durch Impulse aus dem Bruderkomplex, wie im vorigen Beispiel, geprägt ist. Er kennt auch die Zahlen aus einschlägigen Untersuchungen zu diesem Thema, erreicht aber dennoch keine emotionale Differenzierung. Der Mann kann allenfalls zu einer Akzeptanz seiner emotionalen Reaktionen auf Hartz-IV-Empfänger kommen und sich mit seinen Äußerungen zurückhalten. Das negative Komplexgefühl müssen er und die anderen wohl wie eine Marotte ertragen.

Was weiß ich über die archetypischen Kernelemente meiner Komplexe?

Jungs Komplextheorie geht davon aus, dass die individuell abgespeicherten Komplexengramme sich um archetypische Kernelemente gruppieren. Unsere Lebenserfahrungen sind ganz individuell. Und doch sind es Erfahrungen, die man als Mensch im Grunde nur nach Menschenart machen kann. Von wunderbaren emotionalen Höhepunkten des Glücks bis hin zu dramatisch schrecklichen Horrorerfahrungen gibt es ein riesengroßes Spektrum an möglichen emotionalen Erfahrungen, die aber eben doch immer im Bereich des menschlichen Erfahrungshorizonts liegen. Die vielen Variationen von Ängsten, Aggressions-, Schuld- und anderen Gefühlen sind (theoretisch gesehen) nur menschlich und damit archetypisch möglich.

Die archetypischen Kernelemente kann man sich als eine Art Grundausstattung vorstellen, die die emotionale Erlebenspalette des Menschen möglich macht. Mit unserer archetypischen Ausstattung ist es uns möglich, heftige Kindesliebe zu empfinden, große leidenschaftliche Verliebtheit und Liebe zu erfahren. Auch Eifersucht, Rivalität und schwierige Gefühle im familiären Miteinander sind in aller Welt und in vielen Kulturen so ähnlich, dass es klug zu sein scheint, sie sich basierend auf einer archetypischen Grundlage vorzustellen.

Dies ist eine tröstliche Vorstellung. Es stimmt versöhnlich, wenn ich mir vorstellen kann, dass mein persönliches Erleben mich nicht aus der Gemeinschaft mit den Menschen herausfallen lässt, sondern dass ich im Rahmen der archetypischen Strukturen fühle und mein emotionales Erleben mich innerhalb dieser Strukturen fühlen und leben lässt. Dieses trostspendende Denken kann sehr entlastend sein. Der kollektive Bezug meiner Emotionen kann Schuldgefühle entdramatisieren und macht eine Einordnung ins Gesamte möglich. Auch der Blick auf die Verarbeitung der menschlichen Lebensprobleme und Schicksale und den damit verbundenen Emotionen macht uns aufmerksam auf die archetypische Voraussetzung, aber auch Bedingtheit unserer Lebenserfahrungen.

Die Verarbeitung von komplexhaft Emotionalem erleben wir auch im Theater, im Film, in der Literatur und auch in der Musik. Es macht uns deutlich, dass unser individuelles Erleben mit unseren archetypischen Voraussetzungen in Verbindung steht. Es ist deshalb auch hilfreich, in den künstlerisch-schöpferischen Gestaltungen der Kulturen Anregungen für den Umgang mit den eigenen komplexhaften Emotionen zu suchen.

> **Archetypische Lebensdramen in der Kunst**
>
> *Das Liebesdrama in der Oper Carmen* – Begehren auf archetypischer Basis: Carmen wird von zwei Männern begehrt und kommt dabei zu Tode. Offensichtlich fasziniert diese meistaufgeführte Oper die Menschen außerordentlich. So sehr der Wunsch nach Begehrtwerden ein tiefes Gefühl auf archetypischer Basis sein mag, so warnt die Oper, nicht zu sehr mit diesem gefährlichen Feuer des Begehrens zu spielen.
>
> *Emanzipation von der Mutter bei Parzifal* – Ein archetypischer Basisvorgang: Der Mythos von Parzifal zeigt eine starke Mutterbindung, die vom Sohn radikal durch Entfernung von zu Hause gelöst wird. Er läuft ein-

fach vorbeikommenden Männern hinterher. Die Mutter Herzeloyde (Herzeleid) stirbt (symbolisch für den Sohn). Erzählt wird die unumgängliche Mutterablösung als archetypischer Basisvorgang.

Überforderung der Helden und deren Wege – Der archetypische Heldenweg: Helden fordern viel von sich. Sie wollen fremde Länder erobern und ihre Taten sollen unsterblich sein. Der Wunsch nach einem bedeutenden Leben ist bestimmt ein archetypisches Verlangen, das für viele Anstrengungen Pate steht. Dabei besteht die Gefahr, dass das überfordernde »Immer-heldenhaft-sein-Wollen« ermüdet.

Frage 4: Wie kann ich mich archetypisch erweitern?

C. G. Jungs Idee, dass archetypische Wirkkräfte unser Leben im Wesentlichen mitbestimmen, kann zu einer großen Weisheitsquelle werden. Grundtypisches in meinem Leben und im gelebten Leben meiner Umwelt zu erkennen, verleiht einen deutlich weiteren Horizont für die Wahrnehmung. Das wiederum hat Auswirkungen auf meine emotionalen Reaktionen. Die Grundidee, dass Archetypisches in meinem Leben sowie in meiner Umwelt am gelebten Leben mitgestaltet, kann in gutem Sinne Abstand zu den Phänomenen des Lebens herstellen. Diese gute Distanz kann durchaus helfen, Konflikte und Probleme deeskalieren zu lassen und das individuelle Erleben in größere Zusammenhänge einzuordnen. Eine zu enge, rein individuelle Sichtweise wird durch das Einbeziehen der archetypischen Dimension erweitert und in vielerlei Hinsicht bereichert (▶ Kap. 2.3.2).

Erkenne ich die Wirkung der Archetypen?

Nehmen wir vier Grundarchetypen des seelischen Geschehens als Beispiel: Mutter-, Vater- und Kind-Archetyp sowie die Polarität Anima/Animus.

Alles was mit dem Lebensbereich »Mutter« zu tun hat, könnte man mit archetypischen Impulsen in Zusammenhang bringen. Die große Polarität im Mütterlichen, das Geben und das Festhalten sind ganz elementare Dynamiken, die in jedem Menschenleben eine grundsätzliche Bedeutung haben. Erich Neumann, ein Schüler von C. G. Jung, hat diesen archetypischen

Bereich »das große Weibliche« genannt und auf geniale Weise Differenzierungen der vielen Aspekte dieses Archetypus vorgenommen. Mit uralten überlieferten Bildern hat er diese Aspekte des großen Weiblichen belegt und damit verdeutlichen können, was mit dem Weiblichen und dem wichtigen darin enthaltenden Aspekt, dem Mutterarchetyp, alles verbunden ist (vgl. Neumann, 1974).

Die archetypische Sichtweise kann in vielerlei Hinsicht eine Lebenshilfe sein. Erfahrungen mit der persönlichen Mutter sowie das eigene Muttersein können mit dem archetypischen Blickwinkel differenzierter wahrgenommen werden. Das Erkennen und eine bessere Einordnung der eigenen mütterlichen Verhaltensweisen und Gefühle kann dann sowohl die Sichtweise sowie das Verhalten positiv beeinflussen.

Auch der Bereich »Vater«, das archetypische Väterliche, besitzt eine große Polarität. Theoretisch spricht man von Protektion und Kastration, das heißt, das Väterliche fördert, hilft, macht Mut und will auf einen guten Weg führen, im Gegensatz dazu beinhaltet es aber auch das Kritische, Abwertende, Rivalisierende, Abstrafende, das aus dem Väterlichen kommen kann. Auch hier ist es so, dass die archetypische Sichtweise auf diese Phänomene hilft, klarer zu sehen. Die Dimensionen, die das archetypisch Väterliche in sich hat, können wir an unseren persönlichen Vätern erkennen, aber auch in all dem, was aus dem väterlichen Bereich des Lebens kommt. Auch eigenes Vaterverhalten kann unter archetypischem Blickwinkel betrachtet differenzierter wahrgenommen werden. Dies wiederum kann dazu führen, dass Verhalten, gerade auch problematisches Vaterverhalten, sich leichter korrigieren lässt. Die Rückführung auf archetypische Verhaltensimpulse geben oft mehr Freiheit zu Verhaltensänderung als einengendes, rein individuelles Betrachten der eigenen väterlichen Emotionen und Verhaltensweisen.

Die archetypische Dimension, die mit dem »Kind« zu tun hat, ist ebenfalls ein wesentliches Ausstattungselement unserer Seele. Unsere Reaktionen auf Kinder und unser eigenes Kindsein sowie unsere eigene Kindheit lösen ein breites Spektrum an Emotionen aus. Das emotionale Einlassen auf das Thema Kind ist meist mit starken Gefühlen verbunden. Grundsätzlich scheint der Kind-Archetyp symbolisch das Thema Neuwerdung aufzurufen. Es gibt wohl kein deutlicheres und passenderes Symbol für Neuwerdung und Neuentwicklung als das Kind. Kindstod ist dagegen meist eine psychologische Katastrophe, die in den tiefen Schichten der Seele Trauer und Enttäuschung über abgebrochene hoffnungsvolle Neuentwicklung hervorruft. Mit unserem christlichen Weihnachtsfest betrachten und feiern wir ein für uns Menschen typisches Mythologem, bei dem das Jesuskind der Inbegriff einer neuen Zeit bzw. einer neuen Weltentwicklung darstellt. Das Wissen um die archetypische Dimension des Kindthemas ist eine große Bereicherung und kann eine differenzierte Begegnung mit dem breiten Spektrum der Bedeutungen möglich machen.

> **Zentral-wichtige Grundarchetypen**
> Mutter
>
> - negativ: Festhalten, übergriffiges Verhalten, Verschlingen ...
> - positiv: bedingungslose Liebe, Fürsorge, völlige Geborgenheit ...
>
> Vater
>
> - negativ: Leistungsdruck, Lob unter Bedingung, Herabsetzung, Abwertung ...
> - positiv: Protektion durch den »Geistvater«, Förderung, Unterstützung ...
>
> Kind
>
> - negativ: kindisch sein und Habenwollen-Egozentrik ...
> - positiv: natürliche Kindesliebe, Zukunftshoffnung auf Neuwerdung ...

Wenn wir aus der Vielfalt der archetypischen Grunddimensionen noch eine wichtige aussuchen wollen, so bietet sich der Archetyp von »Animus« und »Anima« an. Jung hat in vielen Schriften versucht, diese beiden archetypischen Wirkkräfte zu beschreiben. Aus der tiefenpsychologischen Vielfalt der Bedeutungselemente könnte man hervorheben, dass die Anima im Mann seine weibliche Seite darstellt und der Animus in der Frau die männlichen Aspekte. Im Laufe des Lebens gibt es eine Entwicklung, die eigene Geschlechtsidentität mit Aspekten des anderen Geschlechts zu bereichern, und Jung glaubt, dass es auf dem Individuationsweg ganz wichtig ist, auf diese Weise zu einem »mehr ganzen« Menschen zu werden. Im Grunde geht es meines Erachtens bei der Anima-Animus-Entwicklung um einen Weg zu einer Art ganzheitlicher psychologischer Androgynität.

In unserer modernen Zeit scheint es (im Gegensatz zu früheren Zeiten) deutlich weniger Verhaltensunterschiede zwischen den Geschlechtern zu geben. Was männlich und was weiblich ist, ist gesellschaftlich im Fluss und die individuelle emotionale Erlebens- und auch Verhaltensbandbreite scheint bei Frauen und Männern deutlich größer und vielfältiger geworden zu sein. Deshalb ist es auch sinnvoll, die Anima-Animus-Polarität bei Frauen und Männern als wirksam zu sehen.

In der tiefenpsychologischen Dimension lassen sich Anima und Animus als Impulse und Bereicherungen aus dem jeweils polar gegenüberliegenden Anderssein auffassen. Und es ist sicherlich bereichernd darüber nachzudenken, was für mich so etwas wie »psychologische Androgynität« bedeuten könnte und ob dies für mich ein Ziel auf meinem Individuationsweg sein kann. Jedenfalls wird eine solche Anima-Anima-Entwicklung Auswirkungen auf die Beziehungen zu meinen Mitmenschen haben, insbesondere natürlich auf die Frau-Mann-Beziehung.

Psychologische Androgynität
Anima:
Bereicherung durch Einfühlung, emotionale Reaktionsmöglichkeiten ...

Animus:
Bereicherung durch strukturierte Klarheit, geistige Interessen ...

Wie reagiere ich auf archetypische Symbolik?

Die archetypischen Dimensionen sprechen zu uns meist über Symbolchiffren, denn die Vielfältigkeit einer archetypischen Impulsdynamik ist im Grunde nur durch Symbole darstellbar. Nur das Symbol kann eine große Vielfältigkeit in einem Bild oder in einer symbolischen Darstellung ausdrücken. So finden wir seit Urzeiten Bilder, die bestimmte archetypische Kräfte darstellen. In der Kunst aller Zeiten sind es diese Verbilderungen, in denen die Menschen archetypische Dimensionen ausgedrückt haben und mit denen sie sich beeindrucken lassen von dem, was dort dargestellt wird. Diese Verbilderungen dienen seit jeher dazu zu beeindrucken, etwas emotional greifbar zu machen und entsprechende Reaktionen aufzurufen.

So kann ich mich fragen, welche Figuren, welche Bilder in der Kunst auf mich ganz besonders wirken. Was sind es für Helden- und Heldinnengestalten, auf die ich spontan reagiere? Welche Musik spricht mich besonders an? Es ist eine gute Möglichkeit, die eigene archetypische Gerichtetheit zu erkennen, wenn ich herausfinde, auf welche Kunstwerke, welche Musik, welche Bilder und welche Darstellungen ich mit starken Emotionen reagiere. Wenn man im Volksmund sagt: Sage mir, mit wem du gehst, dann sage ich dir, wer du bist, so könnte man in diesem Zusammenhang formulieren: Sage mir, welche Bilder dich ansprechen, dich bewegen, dich fordern, dann sage ich dir, welche archetypische Ausstattung in dir besonders konstelliert und wirksam ist.

> **Ergriffensein von archetypischen Verbilderungen**
> Das Bildnis der Mona Lisa mit seinem geheimnisvollen Lächeln lässt die hintergründigen emotionalen Möglichkeiten der Animadimension der Seele ahnen.
>
> Bildnisse von gereiften alten Männern evozieren in uns den Archetypen vom alten Weisen und können beim Betrachter eine Sinngebung fürs Alter befördern.
>
> Die Bilder der christlichen Madonna mit dem Jesuskind bewirken bei vielen Menschen ein breites Spektrum an emotionalen Erlebensqualitäten. Insbesondere scheint oft eine hoffnungsvolle Sehnsucht nach Neuwerdung ausgelöst zu werden.

Archetypische Symbolik ist natürlich besonders in Ritualen vorhanden. Rituale sind entstanden aus Impulsen vieler Menschen und man kann davon ausgehen, dass sie deshalb ergreifen, weil sie stimmig sind mit dem, was in uns in archetypischer Weise bereitliegt und aufgerufen werden will. Rituelle Gesänge, Licht und Feuer (Feuerwerk) sind zum Beispiel Bildeindrücke, die uns ergreifen können und unsere Emotionen und Phantasien deutlich beeinflussen können. Insbesondere im Religiösen ist es die Symbolsprache, die uns die Gottesvorstellungen nahebringen kann. Wenn ich für mich herausfinde, welche Gesänge, welche Musik, welche Bilder, welche Art von Gebäuden in mir numinos-religiöse Stimmungen erzeugen, so bin ich auf dem Wege, meine innere Wahrheit dem Religiösen, dem Archetyp des Religiösen, gegenüber zu erkennen.

> **Starke Rituale und Gottesbilder ergreifen**
> - Der Archetyp des Weges wird religiös häufig ausgedrückt in Prozessionen als Rituale zur Ziel- und Ganzheitsfindung. Dies verdeutlicht z. B. ein sehr beliebtes norwegisches Pilgerweg-Kirchenlied, in dem es heißt: »...wir alle sind auf dem Weg ins Paradies« (Ingemann, 1850).
> - Der Archetyp des Religiösen wird ausgedrückt in Bildern des Göttlichen. Im Christentum sind dies beispielsweise Darstellungen der Dreifaltigkeit: Gott-Vater, Jesus Christus, Heiliger Geist.

Ist der archetypische Blickwinkel eine Weisheitsquelle für mich?

Es ist eine bestimmte Sicht auf die Lebensabläufe und, wie Jung sagt, eine gewisse Einstellung »den Abgründen und Höhen seelischer Natur« gegenüber, was den Blickwinkel weiten kann (GW 4, § 764). Mit dem Hintergrundwissen der archetypischen Bedingtheit vieler Dinge wird oft auch eine gewisse Gelassenheit bei unseren Lebenskonflikten möglich. Die Erkenntnis, dass viele Konflikte in meinem Leben Konflikte sind, die einfach archetypischerweise im Leben von uns Menschen vorkommen, kann ihr Potential entschärfen. Ich bin es also nicht nur ganz persönlich, der hier einer Spannung ausgesetzt ist, der eine schwierige Lebenssituation zu meistern hat, sondern es sind einfach menschentypische Konflikte, die ich erlebe. Aber es gibt auch menschentypische Lösungswege, die bereitliegen. Natürlich erlebe ich individuell erst einmal konflikthaftes Gestörtsein, z. B. bei Lebensübergängen oder Schicksalsschlägen oder bei entwicklungsbedingten Veränderungen. Aber mein Hintergrundwissen von der allgemein menschlichen Bedingtheit dieser Konflikte macht es leichter, schwierige Lebenskonflikte zu meistern. Oft heißt das auch, die Schwierigkeiten zu ertragen und akzeptieren.

Jungs Blickwinkel, quasi aus einem oberen Stockwerk auf die Dynamik der Lebensabläufe unten im Erdgeschoss, scheint ein Aspekt von Lebensweisheit zu sein. Mit Hilfe des archetypischen Blickwinkels ist das Leben eben nicht nur eine Aneinanderreihung von unangenehmen Konflikten, sondern die Lebensdynamik, die von archetypischen Wirkkräften mitgestaltet wird, sorgt auch für meine persönliche Weiterentwicklung. Zudem gibt es viel emotionale Sicherheit, wenn ich meiner archetypischen Grundausstattung vertraue, wenn ich davon ausgehe oder spüre, dass meine archetypische Veranlagung mich nicht verlorengehen lässt. Der Zentralarchetyp des Selbst, als eine Art Spiritus Rektor, und die im Selbst enthaltene potentielle Selbstsicherheit können somit zur Quelle von Lebensweisheit werden.

> **Göttliche Gelassenheit als große Lebensqualität**
> Der »göttliche« Aspekt des Vertrauens in die archetypische Dimension unserer seelischen Ausstattung wird auch in vielen kleinen Alltäglichkeiten deutlich. Unser »Grüß Gott« beispielsweise drückt aus, dass wir uns Gottes Obhut wünschen, uns damit in die Gewissheit geben, es gibt eine höhere Macht, die uns leiten kann, wenn wir darauf vertrauen.

> Eine Gelassenheit gegenüber dem Lauf der Dinge drückt auch das muslimische »In sha allah« (etwa: So Gott will) aus. Es ist kein fatalistisches Sich-Dreingeben, sondern vielmehr ein ehrfürchtiges Anerkennen einer höheren, archetypischen Ordnung, die unser Schicksal mitbestimmt.

Jung spricht in diesem Zusammenhang von »sich aussöhnen«:

> »Sie kamen zu sich selber, sie konnten sich selber annehmen, sie waren imstande, sich mit sich selbst zu versöhnen, und dadurch wurden sie auch mit widrigen Umständen und Ereignissen ausgesöhnt. Das ist fast das gleiche, was man früher mit den Worten ausdrückte: ›Er hat seinen Frieden mit Gott gemacht, er hat seinen eigenen Willen zum Opfer gebracht, indem er sich dem Willen Gottes unterwarf‹« (GW 11, § 138).

Frage 5: Was treibt mich an?

Es ist unsere innere Energie, die unser Leben in Gang hält, die wir möglichst bewusst spüren sollten. Man kann auch von seelischer Elektrizität sprechen, die wir in Aktivität umwandeln. Das Bewusstsein darüber, wie wir »energetisch drauf sind« ist etwas ganz Wichtiges. Es scheint so, als ob in unserer heutigen Zeit dafür mehr Bewusstsein entstanden ist. Gerade von jungen Leuten hört man oft Aussagen über ihre energetische Tagesform: »Ich bin total down« oder »echt fit« usw.

Es ist eine Grunderkenntnis, dass unsere Libido, unsere elektrische Energie, sehr wirkungsvoll ist. Sie verwandelt sich in körperliche Aktivitäten, in Emotionen, in Phantasien und in all das, was wir mit uns und mit der Welt tun. Natürlich kann sie auch in psychosomatische Symptome gehen (▶ Kap. 3.1–3.3).

> **Auch dahin kann unsere Libido fließen**
> - Für viele Menschen bedeutet die Leidenschaft für Sport, Kunst oder Musik eine große Vitalisierung und hebt in besonderem Maße ihre Lebensqualität.
> - Nicht selten sind es Sehnsüchte, die für Anregung und Aktivierung sorgen. Begehrenswert schön sein wollen ist z. B. für manche Frauen

> ein belebender Motivator für viele Aktivitäten im Bereich Bekleidung und Körperpflege.
> ♦ Auch in belastenden Körpersymptomen kann sich die Libidoenergie zeigen. So können sich Ängste körperlich äußern, und es ist oft schwierig, diese Energie bewusst zu machen und in andere Ausdruckformen überzuleiten.

Nehme ich meine inneren Gegensätze an?

Wenn ich Bewusstsein darüber habe, dass in mir immerwährend libidinöse energetische Dynamik stattfindet, komme ich nicht an Jungs Erkenntnis vorbei, dass diese Energie aus Gegensätzen entsteht. Man könnte sagen, ohne Spannung der Gegensätze entsteht keine Energie. Somit müssen wir sehen und erkennen, dass unsere Entscheidungsprobleme, ja im Grunde jeder Konflikt unseres Lebens, eine Belebung von Gegensatzpositionen bedeutet. Das ständige Entscheiden-Müssen, belebt die innere Gegensatzdynamik fortwährend. Oft leiden wir unter der inneren Spannung beim Abwägen von Für und Wider. Bei schwierigen Lebenssituationen kommt es oft zu deutlichem Leid aufgrund der vielfältigen gegensätzlichen Aspekte, die bedacht werden wollen.

Die Erkenntnis, dass die inneren energetischen Gegensatzspannungen zum Leben gehören und die daraus entstehenden Konflikte lebendiges Leben bedeuten, ist grundlegend. Nun kann ich mich fragen: Wie stehe ich zu dieser Grundtatsache der Konflikthaftigkeit? Und: Wie schätze ich mich diesen inneren Spannungen gegenüber ein? Habe ich das Gefühl, dass ich mit einem stabilen Ich, mit einer genügend starken Ich-Person, den, im wahrsten Sinne, spannenden Gegensatzdynamiken, die ich in meinem Leben ertragen oder managen muss, gewachsen bin?

Im ersten Schritt bedeutet es bereits einen Erkenntniszuwachs, wenn ich die sogenannte »Wohltätigkeit des Konflikts« sehen oder erahnen kann. Die Spannungsbeziehungen, die in Konflikten zum Tragen kommen und energetische Dynamik entstehen lassen, bringen ja schließlich vorwärts. Dieses Vertrauen in die Sinnhaftigkeit der Konflikte ist meist ein deutlicher Zuwachs an Weisheit und führt in der Dynamik des Lebens zu deutlich mehr Gelassenheit. Das heißt, die Einstellung zum Konflikt und zur Konflikthaftigkeit ist etwas äußerst Wichtiges. Eine übergroße Abwehr, Fluchttendenzen und andauernde Angst vor aufkommenden Konflikten bedeuten im Leben meist Zuflucht in eine Enge sowie eine deutliche Begrenzung der Lebensdynamik und der Möglichkeiten von Lebenserfahrungen.

Jung spricht in seinem *Roten Buch* symbolisch über die Grunddynamik der Lebensenergie. Er spricht vom Brennenden und im Gegensatz dazu vom Wachsenden. Die Symbolbilder sind der brennende Busch und der Baum des Lebens (vgl. *Das Rote Buch*, S. 348).Wenn man diese symbolische Gegensatzdynamik aufgreift, so kann man sich fragen: Wie viel »brennender Busch« lebe ich, wie viel davon lasse ich zu, hat Platz in meinem Leben? Auf der anderen Seite steht die Frage: Wie viel Verwurzelung, wie viel Geborgenheit, wie viel »Baum des Lebens« wird von mir gelebt?

Viele Menschen haben wohl einen Ausgleich zwischen beiden Teilen gefunden, aber vielleicht wechselt es ja auch im Leben immer wieder, wie stark wir brennen und wie stark wir verwurzelt wachsen. Wahrscheinlich ist, dass beides wichtig ist und wir je nach Persönlichkeitsstruktur und auch nach bewusster Entscheidung brennen und wachsen.

An einer anderen Stelle spricht Jung im Zusammenhang mit dieser Lebensthematik wie Goethe von »zwei Seelen, ach in meiner Brust« (vgl. *Erinnerungen*). Man könnte also sagen, auch zwischen den archetypischen Grunddynamiken gibt es Spannung und man kann diese Spannung durchaus als Gegensatz zwischen teuflischen und göttlichen Kräften empfinden.

> **Was soll ich nur tun?**
> Ein Mann, Anfang Dreißig, sucht therapeutische Beratung, weil er sich in einer Lebensentscheidung total zerrissen fühlt. Er kann nicht mehr schlafen und man sieht ihm seine Verzweiflung an. Was ist los? Er ist Schauspieler mit unregelmäßigen Engagements. Er lebt zurzeit mit einer alleinerziehenden Mutter mit zwei Kindern, die gern auf Dauer mit ihm zusammenleben würde. Das würde bedeuten, dass er seinen unsteten Schauspielerberuf aufgeben und versuchen müsste, Lehrer zu werden. Nun erlebt er zwei Seelen in seiner Brust: Von Jugend an brennt er für die Schauspielerei, aber er liebt auch die Frau und mag deren Kinder.
>
> Auf die ihn energetisiernde Schauspielerei zu verzichten kann er sich, nach genauem Nachspüren, nicht vorstellen. Auf Dauer ein Leben ohne eine geborgenheitsgebende Familienbeziehung ist ihm auch schwer vorstellbar. Ein wirklich schwieriger Konflikt.

Wie lebe ich meine Extraversion, wie meine Introversion?

Einen weiteren Erkenntniszuwachs bringt es, wenn ich um die Dynamik der Fließrichtung meiner Energie weiß. Wie ist es bestellt um meine Zuwendung zur Außenwelt? Wie sieht meine Zuwendung nach innen aus? Gemeint ist das extravertierte auf die Welt draußen Zugehen einerseits und das introvertierte nach innen gerichtete Nachspüren nach dem, was bei mir selbst los ist, andererseits.

C. G. Jung geht davon aus, dass eine Grundausrichtung, das heißt die Grundtendenz, ob man eher die Extra- oder die Introversion lebt, angeboren ist. Aber die Dynamik der energetischen Fließrichtung nach außen oder nach innen ist ein sehr vielfältiges Phänomen. Wir Menschen brauchen beides, und es ist spannend zu sehen, mit welcher Dynamik ich lebe. Dabei ist zu beachten, dass im Laufe des Lebens Schwerpunktverschiebungen stattfinden können. Es ist auch sinnvoll zu verfolgen, wie ich mit den beiden Einstellungsfließrichtungen umgehe. Macht es mir Freude, meine Energie in die Extraversion zu schicken? Habe ich gern Kontakt mit Leuten, gehe ich gern in die Welt und interessiere mich für das, was draußen ist? Und: Wie geht es mir dabei? Was sagt meine Fühlfunktion zu dieser extravertierten Dynamik? Auf der anderen Seite kann ich mir die Fragen stellen: Wie ist mein introvertiertes Sein für mich? Wie fühlt es sich an, wenn ich bei mir einkehre und sehe, was mit mir los ist und wenn ich mich ein Stück weit von der Welt zurückziehe und nach innen schaue?

In Weiterentwicklung der Jung'schen Vorstellungen sprechen wir in der Analytischen Psychologie heute auch von der Kopplung dieser beiden Einstellungsfunktionen mit den vier Orientierungs- oder Grundfunktionen (die wahrnehmenden Funktionen Empfindung und Intuition und die bewertenden Funktionen Denken und Fühlen; vgl. Kasten auf S. 141).

Diese differenzierte Betrachtungsweise von Extraversion, Introversion und der dazu gehörenden Grundfunktionen ist ein spannendes Feld. Doch nicht jeder wird die Gelegenheit haben, differenziert diese Dynamik bei sich anschauen zu können, auch wenn es neuerdings dazu Selbsterfahrungsübungen gibt (z. B. durch aktive Imagination).

Dennoch wird es hilfreich sein, die Idee zu kennen, dass meine Dynamik in punkto Extra- und Introversion ein vielfältiges psychoenergetisches Spiel bedeutet. Dies gibt mir die Möglichkeit, diese Dynamik reflektierend anschauen zu können und eventuell auch regulierend einzugreifen. Insbesondere dann, wenn meine Funktionsdynamik für meinen Lebensfluss ungünstig verläuft.

> **Eine Selbstreflexion des Autors**
> *Wenn ich meine Funktionen differenziert beobachte*:
> *Meine eher extravertierte Dynamik lebe ich* am besten mit meiner Fühlfunktion und mit meiner Intuition.
> Mit meinem Denken und meinem Empfinden (meiner Realwahrnehmung) bin ich eher introvertiert.
> Da ich mich tendenziell eher als extravertiert einschätze, bedeutet das für mich, dass ich im Außen schnell mit dem Fühlen erspüren kann und mir über die Intuition zu vielem schnell etwas einfällt.
> Für meine Denkvorgänge dagegen brauche ich eine angemessene Zeit und bei den realen Wahrnehmungsprozessen muss ich aufpassen, da ich hier eher introvertiert bin und die Energie nicht so schnell zu den äußeren Objekten fließt.

Wie bewusst erlebe und erspüre ich meine Progression und Regression?

Weiteren Zugewinn an Erkenntnis über meine libidinöse Dynamik liefert der Blick auf die Bewegung meiner Energie als eine entweder fortschreitende, progressive oder eine innehaltende regressive Dynamik. Dabei handelt es sich bei der progressiven Dynamik um die Möglichkeit zu Wachstum und Weiterentwicklung. Energie, die in die Progression geht, ist demnach die, die wirksam werden will, die nach draußen lebensgestaltend sein will. Die Regression dagegen ermöglicht es, in die seelische Regeneration zu gehen. Es ist dies wie ein Einatmen nach einem womöglich sehr vielfältig engagierten Ausatmen bei der Progression. Wichtig ist: Beide Dynamiken sind natürliche Lebensbewegungen, die meist in Abwechslung stattfinden. Es gibt aber natürlich auch ganz persönliche Fehlentwicklungen.

Dass die Progression überbewertet wird, ist in der modernen Zeit bei vielen leistungsorientierten Menschen fast an der Tagesordnung. Die Regression wird als lästiges Anhängsel im Lebensprozess angesehen und bekommt nicht den Wert, den sie für die seelische Gesundheit notwendigerweise benötigt. Der Stellenwert ist in unserer auf Extraversion und Progression eingestellten modernen Welt oft nicht sehr hoch. Dennoch ist klar: Ohne eine ausreichende und der seelischen Gesundheit angepassten regressiven Dynamik kann eine gesunde Weiterentwicklung der Persönlichkeit nicht stattfinden. Ein gehetztes Progressivsein kann kein Dauerzustand sein, und die Regression meldet sich dann meist auch, hinterrücks, in Form von Erkrankungen, bei denen man einfach gezwungen wird, sich regressiv zurückzuziehen. Die Unterscheidung negative Regression und positive Regression scheint da sehr hilfreich. Wenn ich nicht für Regression sorge, das heißt, wenn ich den positiven Wert der Regression nicht berücksichtige, einplane und lebe, muss ich damit rechnen, dass ich in Form einer negativen Regression, in Form von Krankheit oder Symptomentwicklungen, gezwungen werde, regressive Dynamik zu leben.

> **Die Wintergrippe zwingt mich zum Rückzug**
> Nach den vielen, auch emotional belastenden Ereignissen der Vorweihnachtszeit und Weihnachtszeit, sind viele häufig so ausgepowert, dass eine Wintergrippe, die ins Bett zwingt, geradezu zum Jungbrunnen werden kann, der neue Kraft bringt, mit der wir dann ins neue Jahr starten können.

Ein Sonderphänomen dieser Dynamik ist die Pendelbewegung der *Enantiodromie*. Habe ich das Grundwissen, dass extreme Progression oder Regression wie bei einer Pendelbewegung ins Gegenteil schlägt, werde ich vielen dynamischen Phänomenen dieser Art nicht so erstaunt oder sogar fassungslos gegenüberstehen.

> **Achtung: Gefahr nach Hochstress**
> Bekanntlich kann die psychische Energie nach starker Hochbelastung plötzlich abrutschen. Extreme Progressionsdynamik pendelt dann ins Gegenteil.
> *Ein Beispiel*: Ein Student hatte lange unter starkem Hochdruck seine Prüfung vorbereitet. Nach dem Prüfungsstress und gelungener Prüfung konnte er sich gar nicht freuen, sondern fiel in eine tiefe Regression. Unglücklicherweise geriet er in Verbindung mit seiner gedrückten Stimmung und einer vernebelten Wahrnehmung in einen Unfall, der ihn fast das Leben gekostet hätte. Enantiodromie muss also beachtet werden.

Es ist mit diesem Wissen natürlich auch möglich, sich auf diese Extremdynamik einzustellen und vielleicht auch durch die Beobachtung auf diese dynamischen Geschehen einzuwirken. Jedenfalls ist diese Erkenntnis Weisheitszuwachs. Bei mir und auch sonst in meiner Umwelt oder auch bei großen kollektiven Bewegungen dieser Art bin ich mit dem Wissen um die Enantiodromie gewappnet bzw. kann solche Dynamik möglicherweise sogar voraussehen.

Frage 6: Wie reguliert sich meine Psyche?

Die Selbstregulierungsprozesse sind im Wesentlichen unbewusste dynamische Abläufe. Es ist aber auch möglich, bewusst in diese Regulierungsprozesse einzugreifen bzw. diese Regulierungsprozesse lassen sich auch bewusst anstoßen. Die Betrachtung der eigenen Selbstregulierung kann uns manche Erkenntnis liefern (▶ Kap. 3.4).

Weiß ich um mein Energiepotential?

Bei Jung finden wir die Idee der Energiekonstanz in Anlehnung an die physikalische Energietheorie. Die Grundidee dabei ist, dass die Energie in meiner Psyche relativ konstant bleibt, aber die Verteilung der energetischen Prozesse variabel ist. Die Energie verlagert sich dynamisch und ich muss davon ausgehen, dass in mir sehr viel Bewegung stattfindet. Das heißt: Meine Energie wandert in verschiedene Lebensbereiche, sie verändert das Interesse an Dingen draußen und an Themen und ich kann annehmen, dass ständig energetische Wanderung in mir und in der Begegnung mit draußen stattfindet. Dabei ist es sehr aufschlussreich zu sehen, wohin mein Energiepotential mit Vorliebe geht und wo ich Einfluss darauf habe.

In der Verhaltenstherapie beispielsweise gibt es grundsätzlich die Auffassung, wonach für altes Verhalten, dass abgebaut werden soll, neues aufgebaut werden muss. Das heißt: Die Energie, die in altem, eventuell problematischem Verhalten steckt, muss daraus erlöst und in neues Verhalten transformiert werden.

> **Energien durch Selbstsicherheitstraining umwandeln**
> In einem verhaltenstherapeutischen Selbstsicherheitstraining wird die Energie, die z. B. bei einem schüchternen jungen Mann zum ausgiebigen Grübeln über seine soziale Inkompetenz genutzt wurde, in den mutigen Versuch der aktiven Verhaltensgestaltung überführt.
>
> Die Erkenntnis, dass auch im gehemmten Grübeln viel Energie feststeckt, ist eine gute Grundlage, die dem Training Auftrieb geben kann.

Das Thema Energiekonstanz lädt auch dazu ein, die Idee der Seelenwanderung zu interpretieren. Die Lebensenergie könnte nach dieser Vorstellung nicht einfach erlöschen, sondern müsste nach dem Tod irgendwohin wandern. Das heißt: Der so denkende religiöse Mensch sieht die Lebensenergie nach dem Tod in andere Welten aufsteigen.

Wie funktionieren meine Kompensationsmechanismen?

Kompensation spielt in jedem Menschenleben eine große Rolle. Sie ist eine Grundregel für unser psychisches Verhalten. Gibt es im seelischen Geschehen an einer Stelle zu wenig, so wird an einer anderen zu viel erzeugt. Gebe ich dem Bewusstsein zu viel Energie, kann ich davon ausgehen, dass im Unbewussten energetischer Mangel besteht und eben hier eine entsprechende Ausgleichsbewegung ansteht. Auch bei Vorgängen kann man beispielsweise sagen, dass einer Positivbewertung von Inhalten nicht selten eine kritisch-negative Bewertung folgt.

Insbesondere spielt diese Kompensationsregulierung bei der *Selbstwertregulierung* eine große Rolle. So rufen zum Beispiel Größenphantasien meist Gefühle von Minderwertigkeit auf den Plan, und eine hohe Idealisierung der Eltern wird oft vom Gegenteil beantwortet. Eine überhohe Bewertung meiner Mitmenschen führt häufig zu Ohnmachts- und Wutgefühlen bei mir selbst und erst recht scheint es beim Gegensatzpaar Depression – Aggression zu kompensatorischen Regulationen zu kommen.

Da die Kompensation hilfreich sein kann, um unerwünschte Reaktionen und Verhaltensweisen abzuwehren, kann es dabei auch zu Suchtverhalten kommen.

Bei der Betrachtung meiner eigenen Kompensationsmechanismen und meiner Kompensationsvorgänge ist es daher auch wichtig zu sehen, wo ich Süchte einsetze. Oft unbemerkt sind es doch kleine oder größere Suchtverhaltensweisen, die kompensatorischen Charakter haben und bei der Selbstregulierung innerhalb meiner Psyche eine wichtige Rolle spielen.

> **Kompensation erlöst aus negativen Stimmungen**
> Man kann immer wieder beobachten, dass beispielsweise depressiv verstimmte Menschen versuchen, sich mit kompensatorisch aggressivem Schimpfen zu helfen. Sie können sich damit zwar nicht aufheitern, aber sie erleben eine subjektiv hilfreiche Anhebung ihres Energielevels.
>
> Kompensatorisch kann auch Suchtverhalten sein. Alkoholkonsum liefert eine Entspannung, das Rauchen kann belebend wirken. Es ist hier sinnvoll, die Ursachen der Anspannung bzw. Energielosigkeit zu hinterfragen, um möglicherweise das Suchtverhalten durchbrechen zu können.

Kann ich mich in meinen Projektionen erkennen?

Auch das projektive Geschehen kann man im Sinne der Selbstregulierung verstehen. Innere Dynamik, z. B. aus dem Schatten meiner Seele, aber auch aus tiefer liegenden Bereichen meines Unbewussten, will ins Lebensspiel kommen. Hierzu bietet sich die Projektion als geeignete seelische Maßnahme an. So betrachtet ist die Projektion ein grundlegender, normaler und hilfreicher Prozess, der dafür sorgt, dass innere Themen und Inhalte in die Außenwelt projiziert werden. Man könnte auch sagen, dass dies ein Umweg ist, der psychodynamisch eingeschlagen wird. Ich werde draußen in der Welt bei anderen Menschen oder von Dingen und Themen angesprochen, die ich selbst dort »hingeschickt« habe. Höchstwahrscheinlich liefert mir dabei irgendetwas einen Aufhänger, es bestehen also gewisse Voraussetzungen, die es mir erleichtern, meine seelischen Inhalte zu projizieren.

Für meine Selbsterkenntnis ist es wichtig, dass ich genau hinschaue, wo ich projiziere, ob ich – vielleicht sogar in problematischer Weise – anderen Menschen etwas »in die Schuhe schiebe« und so an anderen eigene Themen abarbeite. Dabei kann meine Aufregung über andere, meine überzogene Wut ein guter Hinweis auf mein Projektionsgeschehen sein. Projektion ist also grundsätzlich ein Regulierungsmechanismus. Wir projizieren ständig, und es liefert natürlich sehr hilfreiche Erkenntnisse, wenn ich diese Prozesse beachte, wenn ich mich immer wieder frage: Wo projiziere ich etwas auf meine Umwelt, auf meine Mitmenschen und was hat das mit mir zu tun? Warum muss ich das tun? Welche Bedeutung hat das für mich?

Gelingt mir die Umwandlung meiner Energien?

Ein weiteres ganz wichtiges Thema bei meiner Lebensgestaltung ist die Frage, wie ich meine Energien so einsetzen, verlagern und umwandeln kann, dass sie mich auf meinem Entwicklungsweg voranbringen. Im Grunde geht es auch darum, wie ich meine Energien in schöpferisches Tun verwandeln kann. Wie kann das schöpferische Tun im sozialen Bereich, im Entdecken von Themen und Lebensbereichen und erst recht im künstlerischen Tun ausgedrückt werden?

Grundsätzlich lässt sich feststellen, dass symbolische Bilder dafür sorgen, dass meine Energien in andere Formen überführt werden. Dabei kann man davon ausgehen, dass die Energiedynamik in meiner Seele danach drängt, in für mich wichtigen und sinnvollen Aktivitäten eingesetzt zu werden. Daher kann ich mich auch fragen: Für welche Interessen glühen meine Energien? Gibt es Leidenschaft und Begeisterung für bestimmte Themen in meinem Leben? Die Umwandlung meiner libidinösen Kraft in für mich sinnvolle Weiterentwicklung kann das Leben deutlich bereichern. Insbesondere scheint für viele Menschen die Begeisterung für geistige Themen eine Quelle für fortschreitende Lebensqualität zu sein.

Viele Menschen leiden unter fehlender Begeisterung und Leidenschaft. Natürlich ist auch diese Dynamik persönlichkeitsspezifisch. Aber ich glaube, es ist sinnvoll, für sich selbst zu klären, wo man dieser Dynamik auch Vorschub leisten kann, wo man interessiertes, begeistertes Tun anstreben kann. Jedenfalls ist das Bemühen um die Umwandlung der eigenen Libido-Energie in spannendes Tun eine große Lebensbereicherung. Grundsätzlich könnte man auch sagen, dass es ein Menschenrecht auf Leidenschaft geben müsste, auf Leidenschaft, die so wichtig ist für die positive Regulierung des psychischen Geschehens.

Jung spricht im *Roten Buch* in diesem Zusammenhang von der Polarität zwischen Geschlechtlichkeit und Geistigkeit. Symbolisch spricht er von der Schlange, die dem Vogel gegenübergestellt ist (vgl. *Das Rote Buch*, S. 350). Die Schlange kommt aus der Dynamik des instinkthaften Libidinösen und der Vogel am Himmel steht für geistige volatile Dynamik. Diese Gegensätzlichkeit ist wohl eine zentrale Kraft des psychischen Geschehens. Die Vorstellung, dass die Schlange und der Vogel sich begegnen oder sogar küssen, könnte symbolisch das Gelingen von gegensatzvereinigender Umwandlung der psychischen Energie bedeuten.

Frage 7: Wie gestaltet sich mein Weg zum Lebenssinn?

*»Wie der Körper der Nahrung bedarf,
so benötigt die Psyche den Sinn des Seins«* (GW 13 § 476).

Habe ich erkannt, dass Lebenssinn eine ganz subjektive Bewertung ist?

Es ist gar nicht leicht, auf die Frage nach meinem Lebenssinn Antwort zu geben. Mein Wissen über oder mein Fühlen von Lebenssinn ist eine tiefsubjektive Bewertung. Nur ganz persönlich kann ich etwas zu meinem Lebenssinn sagen. Ich kann ahnen und fühlen, dass Lebenssinn für mich besteht. Bestimmt lassen sich oft wichtige, sinnvolle Ideen oder auch Lebensaufgaben finden, mit denen man Lebenssinn in Verbindung bringen kann.

Viele empfinden ihre eigenen Kinder als sinnstiftend für das Leben bzw. die Gemeinschaft und die Weiterentwicklung der Familie. Berufliche Aufgaben und auch persönliches Gestalten im Beruf hat für viele Sinnstiftendes und für manche liegt gerade dort der Schwerpunkt ihres Lebenssinns. Soziale Aktivität, politische Aktivität, künstlerische Arbeit – all dies kann vom Einzelnen als wichtiger Baustein des Lebenssinns genannt werden.

Aber über diese konkreten sinnstiftenden Lebensaufgaben hinaus ist wohl im Grunde eine emotionale Erfahrung aus dem eigenen inneren Wesen heraus dafür verantwortlich, ob man so etwas wie Lebenssinn erlebt und verspürt. Es muss also zu konkreten sinngebenden Lebensaufgaben noch etwas hinzukommen, eine ganz persönliche emotionale Sinnerfahrung, damit mein Leben Sinn hat.

Dabei muss man wohl sehen, dass dieses emotionale Element des Sinnerlebens meist keinen statischen Zustand darstellt, sondern ein Prozess ist, in dem es auch Höhen und Tiefen gibt. Das Gefühl und das Wissen um eine Sinnhaftigkeit meines Lebens ist meist Schwankungen unterworfen. Für viele Menschen ist eine sinnerfüllte Lebenssituation beglückend, aber man weiß um die Tatsache, dass dieses Sinngefühl leicht wieder in den Rückzug gehen kann. Den Sinn des Seins muss man wohl als schwankende Größe der eigenen Psyche betrachten.

Der Amerikaner Stefan Höller (1987, S. 179 f.) hat sich mit einem Teil von Jungs *Rotem Buch* auseinandergesetzt und spannend über die Sinnfrage philosophiert. Das Fehlen von Sinn bedeute für viele Menschen seelische Qualen. Ob bewusst oder unbewusst – sie erleben Sinnlosigkeit in Verbindung mit einem Gefühl von Nichtigkeit und Hilflosigkeit. Das oft von unglücklichen Menschen geäußerte Leeregefühl hat wohl mit Sinnlosigkeit viel zu tun. Depressive Verstimmungen oder gar mittelschwere oder schwere Depressionen sind oft Ausdruck dieser letztlich wichtigen Grundproblematik der Sinnlosigkeit.

Auffällig ist, dass diese Lebenssinnproblematik oft dazu führt, dass die Leidenschaft und Intensität für das gelingende Leben und den Genuss des Lebens verebben können. Dies äußert sich insbesondere auch in der Unfähigkeit, sich spannenden Interessen hinzugeben. Die für mich interessanten Dinge mit Geist zu füllen, will dann nicht gelingen. Das fehlende Gefühl von Sinnhaftigkeit im Leben wird somit zu einem traurigen Teufelskreis. Es fehlt mir das Gefühl der Sinnhaftigkeit und sinnstiftende Möglichkeiten lassen sich energetisch nicht in Gang bringen.

Suche ich aktiv nach meinem Lebenssinn?

Jung meint, der Mensch sei sein Sinngeber. Mit seinem menschlichen Bewusstsein erfülle er die Welt mit dem Licht des Sinns (vgl. Höller, 1987).

Antworten auf der Suche nach dem Sinn des Lebens können, so Jung in seiner Autobiographie, immer nur menschliche Deutung, Spekulation, ein Bekenntnis oder ein Glaube sein. Meine Sinnsuche muss also auch eine Aktivität meiner Ich-Person sein. Ich muss mich mühen um den Sinn. Dabei scheint es sehr hilfreich zu sein, wenn ich die Idee anerkenne, dass die Erfahrung von Sinnhaftigkeit meinem Drang zur Individuation entspringt. Die Vorstellung, dass die in mir innewohnende Götterschicht Befehl gibt zur gelingenden Sinnfindung, kann Kräfte erzeugen und für die aktive Sinnsuche bündeln. Dass mein Weg zur Selbstverwirklichung, der Suchweg selbst den Sinn des Lebens darstellen kann, ist dabei eine zutiefst hilfreiche, tröstliche und beflügelnde Vorstellung. Höhen und Tiefen des Lebens, Erfahrungen von Sinnhaftigkeit, aber auch die Irritation dieser Erfahrung gehören zum Weg, zu meinem Suchweg zum Sinn.

Wie gestaltet sich Sinnfindung auf dem Weg durch meine Lebensphasen?

Es ist eine große Lebenshilfe, wenn man bewusst auf die Phasen seines Lebenswegs schauen kann. Es klärt und strukturiert so vieles, wenn ich schaue, welche großen Lebensphasen es sind, die ich schon durchlaufen habe und welche, die mir noch bevorstehen (▶ Kap. 1.2.6).

Wie waren die einzelnen Phasen? Welche Schwerpunkte gab es dort, was gab es für besondere Erlebnisse? Was waren glückliche Zeiten, was waren belastete, traurige oder schicksalhafte Zeiten? Ergibt sich für mich Sinn in dem, wie es in meinem Leben bisher gelaufen ist?

Das Denken in Lebensphasen ist jedenfalls eine große Hilfe bei Rückschau und Zukunftsbetrachtung und lässt die großen Themen des Lebens klarer und geordneter vor dem inneren Auge erscheinen (▶ Abb. 7.3).

Insbesondere ist es sinnvoll die Krisen und konflikthaften Lebenszeiten reflektierend ins Auge zu fassen und womöglich zu erkennen, dass dies oft an den Übergängen von einer Phase zur anderen stattfand. Es scheint lebensnatürlich zu sein, dass Lebensphasenübergänge nicht ohne Konflikte abgehen (vgl. Dorst, 2010).

Viele Menschen suchen an solchen Stellen im Leben auch therapeutische Hilfe, denn der Übergang in den Phasen bedeutet häufig, Altes zu verlassen und Neues zu erahnen und auf sich zukommen zu sehen. Hier sind ganz besonders die eigenen Ich-Kräfte gefordert und das Wissen um diese Phänomene in und beim Wechsel der Lebensphasen ist oft eine große Lebenshilfe. Vieles lässt sich besser verstehen und einordnen, und es lassen sich die notwendigen phasentypischen Lebenshilfen aufrufen.

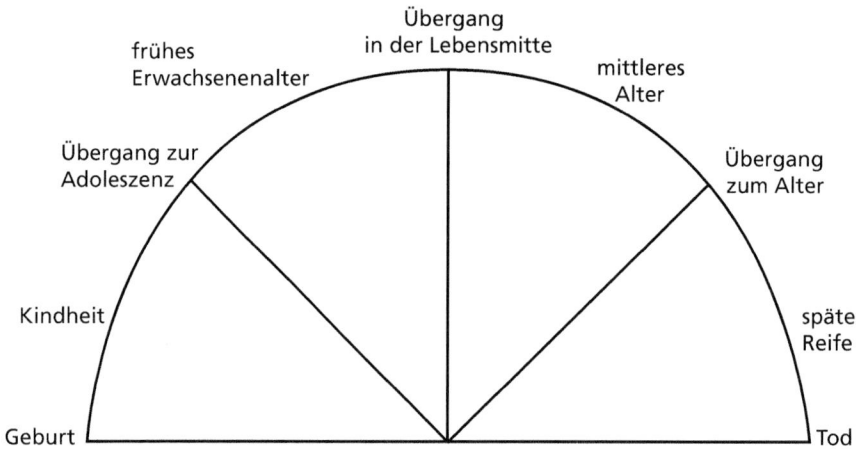

Abb. 7.3: Die Phasen des Lebens

Auch Jungs Symbolbilder spielen in diesem Zusammenhang eine Rolle: Das Brennende und Flammende, was unsicher und dynamisch macht gegenüber dem Baum des Lebens, der Sicherheit und Verwurzelung bedeutet. In allen Lebensphasen wird es diese Dynamik geben. An den Phasenübergängen jedoch ist es oft so, dass das Brennende überwiegt und emotionale Unsicherheit erzeugt wird. Hier kommt aber dann die positive Seite, wenn man so will, die Wohltat der Konflikte zum Tragen.

Das dynamische Hin und Her zwischen weiterentwickelnder Dynamik und der Sehnsucht nach verwurzelnder Geborgenheit sind immens wichtige Wegbegleiter auf unserem Weg durch die Lebensphasen und somit auf unserem Individuationsweg.

Frage 8: Wie gelangt mein Ich zum Selbst?

Meine Selbstverwirklichung beinhaltet, wie das Wort schon sagt, meine innere Begegnung mit meinem Selbst und ich kann Bereicherung aus dieser Erfahrung schöpfen. Das Selbst – so kann man sich vorstellen – ist ein Seelenbereich, der jenseits des Ich-Bewusstseins liegt. In der Konzeption Jungs hat dieses Pleroma eine *helle* und eine *dunkle Seite* (Gott-Sonne und Gott-Teufel.) Der Selbstbereich ist für das Gleichgewicht der Psyche ganz zentral wichtig (▶ Kap. 2.4 + ▶ Kap. 3.4.4).

Wenn ich mich nun hinwende zu diesem zentralarchetypischen Bereich in meiner Seele, so kann ich davon ausgehen, dass dort nicht immer Gleichgewicht herrscht, sondern, wie Jung sagt, das Pleroma zerrissen ist. Auch Entzweitheit, *Gegensätze* kommen aus diesem Tiefenbereich der Seele. Die dunkle Seite des Selbst wird bei Jung auch dämonisch und teuflisch genannt. Auf die eigene psychologische Wirklichkeit bezogen bedeutet dies die Erkenntnis des Bösen als innerpsychische Realität oder Potenzialität.

Dessen ungeachtet gibt es aber bei uns Menschen so etwas wie eine Sehnsucht nach Rückkehr zum Gleichgewicht des inneren Selbst. Diese *Rückkehrsehnsucht* kann sich als Wunsch nach einem Zurück in die Kindheit oder zu einem Anfangszustand darstellen. Drogeneinnahmen lassen sich mit dieser Sehnsucht begründen. Im guten Sinne ist diese Rückkehrsehnsucht jedoch verbunden mit der Vorstellung, dass ich die zurückliegende Ganzheitserfahrung vom Anfang meines Lebens transformiere in eine Erfahrung, die die Erfahrungen auf dem Weg der Individuation mit einschließt und somit eine Ganzheitsvorstellung beinhaltet, die als Ziel aufleuchtet.

Hinzu kommt noch die lebenshilfreiche Vorstellung, dass das Selbst als zentraler Archetyp als eine Art *Spiritus Rector* wirksam ist. Wie im Christentum die Gottesgestalt ein wegweisendes Prinzip darstellt, so besteht auch hier die Vorstellung, dass eine Art göttliche Schicht im Selbst Entwicklung bewirkt, Impulse zur Selbstregulierung initiiert und in einem übergreifenden Sinne wegweisend wirkt.

Wie kann ich ganz persönlich Selbsterfahrung erleben?

Zuerst einmal ist die Erfahrung eines guten *Selbstwertgefühls* ein tragendes Grundgefühl, das man sich aus dem Selbst kommend vorstellen kann. Hier ist nun nicht ein Ich-Durchsetzungsgefühl, also ein Ich-Selbstwertgefühl gemeint, sondern ein vertieftes Wahrnehmen von Kraft und Stärke, also ein Gefühl von Selbstwert, was sich für viele ganz warm anfühlt. Der gläubige christliche Mensch wird es vielleicht »sich in Gottes Hand befinden« nennen. Jedenfalls bedeutet die innere Erfahrung von Selbstwertgefühl eine besonders wertvolle Lebenserfahrung, die als tragendes Gefühl das Leben nicht nur erleichtert, sondern auch auf die Umwelt, auf die Mitmenschen, auf die Beziehungspersonen ausstrahlt. Wenn dieses Innesein von Selbstwertgefühl auch nicht dauerhaft ist, so kann doch eine solche möglicherweise wiederkehrende kurze Erfahrung die Basis für eine kraftvolle und sinnvolle Lebensgestaltung sein.

Eine weitere Möglichkeit, die Energien und die Dynamik des Selbst im Innern zu erfahren ist, *Selbstzentrierung* zu erleben. Vielleicht hilft es, in den Werken C. G. Jungs zu forschen, um dem näher zu kommen, was gemeint ist, wenn Selbstzentrierung sich einstellt. Es bedarf natürlich der Zuwendung zu dieser Idee und die grundsätzliche Bereitschaft, sich für eine solche Erfahrung zu öffnen. Jedenfalls ist es nur möglich, Selbstzentrierungsmomente bewusst zu erfahren, wenn ich dafür ein inneres Ohr oder ein inneres Auge habe.

Dem großen Meister Graf Dürckheim, der mit seiner Partnerin eine »Existential-psychologische Bildungs- und Begegnungsstätte« in Rütte aufbaute, ging es sehr zentral um diese Erfahrungen. Im hohen Alter leitete er Selbsterfahrungsgruppen für Wirtschaftsmanager, die in Klausur herausfanden, wann sie im Leben bereits Selbstzentrierung erlebt hatten. Dürckheim ging davon aus, dass jeder im Leben (schon zur Stärkung der Lebensenergie) solche Erfahrungen macht, nur das Bewusstsein nicht in der Lage sei, diese Erfahrung als Selbstzentrierungserlebnis einzuschätzen.

Es lohnt sich, einerseits zurückzublicken und zu forschen, wann es Momente des Lebens gab, wo man ganz bei sich selbst war, wo sich ein besonderes Gefühl, ja ein besonderes Glücksgefühl, einstellte.

Große Momente im Leben

Eine glückliche Mutter kann nach der Geburt ihres ersten Kindes, ein Sohn, aus dem Bett aufstehen, tritt ans Fenster und sieht einen wunderbaren Regenbogen. Das Glück über die Geburt und das Wahrnehmen des Regenbogens fallen zusammen und machen diesen Moment zu einem emotionalen Ganzheitserlebnis.

Ein alter Mann hatte eine schlechte Nacht und beginnt den Tag in trauriger Stimmung. Er öffnet die Tür und sieht, von der Morgensonne beleuchtet, auf einem Blatt einen schönen, glänzenden Tautropfen. Er fühlt plötzlich Trost und ein großes Glücksgefühl und muss tief gerührt weinen. Ein Ganzheitserlebnis.

Andererseits ist es wichtig, sich ganz bewusst diese Erfahrung der Zentrierung zu wünschen und sich vielleicht auch danach zu sehnen. Viele Menschen meditieren und versuchen durch bewusste Konzentration die Möglichkeit einer solchen Erfahrung zu fördern und das Erlebte im Leben wirksam werden zu lassen.

Eine andere Möglichkeit, Ganzheit zu erfahren ist das Erträumen oder Gestalten von *Ganzheitsbildern*. Gerade in Träumen gibt es immer wieder beeindruckende Bilder, in denen sich so etwas wie Ganzheit darstellt und somit vom Träumer erlebt wird. Wir können davon ausgehen, dass in Träumen oft Ganzheit verbildert wird, ohne dass diese Träume erinnert werden. So mag im Unbewussten Kraft hergestellt werden für schwierige Lebenswege oder überhaupt zur Anregung des Individuationsweges.

In analytischen Therapieprozessen, die mit der Traumtheorie C. G. Jungs arbeiten, kommt es oft vor, dass Patienten solche beeindruckenden Träume in die Therapiestunde bringen und das bewusste Erleben im Dialog mit dem Therapeuten ist dann noch einmal ganz besonders beeindruckend. Wahrscheinlich ereignet sich im Moment der Besprechung des Traums und des Erahnens der Kraftdynamik eines Traums mit Ganzheitserfahrung diese Erfahrung erneut und kann dann auch bewusst integriert werden.

Traumerlebnisse besonderer Art
Ein fünfzigjähriger Mann hatte eine große Lebenskrise überstanden und erreichte in einem Traum einen Sitzplatz an einem Berghang. Von dort sah er in die Weite der Landschaft. In der Ferne erblickte er ein altes Schloss. Er wusste im Traum, dass er den schönsten Platz der Welt gefunden hatte. Es fühlte ein unbeschreibliches Glück.

In der Studentenzeit ergeben sich für einen jungen Mann Kontakte zu muslimischen Mitstudenten und deren religiösen Hintergründen. Er macht Ferien im Orient und träumt dort von einer Lichterfahrung in einer Moschee. Im Traum sitzt er in einer großen Moschee. Plötzlich leuchten riesige Kronleuchter auf – ein unglaubliches Lichterlebnis.

Nicht zuletzt sind es natürlich die Erfahrungen von *Ich-Entgrenzung in der Liebe*, die für viele Menschen eine Erfahrung des Selbst sein kann. Die große Sehnsucht nach großer Liebe und nach Verschmelzung mit der geliebten Person, die sehnsuchtsvolle Suche nach diesen Erfahrungen zeigen, dass es neben der Dynamik aus dem Geschlechtstrieb eine tiefe, ja, eine tiefe Sehnsucht nach Ich-Entgrenzung in Liebesbegegnungen geben kann. Und es mag sein, dass vielen Menschen in solchen Momenten der Liebesvereinigung so etwas wie ein »Liebestod«, eine besondere intensive Erfahrung zuteilwird, die man als eine Art der Erfahrung des Selbst verstehen kann. Die Sehnsucht nach der großen Liebe hat also offensichtlich einen tiefen Sinn in Bezug auf die Erfahrung von innerer Ganzheit.

Ob ich Selbst-Erfahrung als Gotteserfahrung erfahren kann?

Wenn wir Selbst-Erfahrung als Erfahrung innerer *göttlichen Kräfte* verstehen, so erkennen wir, dass eben auch die subjektive Gotteserfahrung der vielen Gottsucher in den verschiedenen Religionen – und auch Menschen, die Gott allein suchen – Selbsterfahrung anstreben. Die spirituell-mystische Begegnung mit dem Göttlichen ist für diese Gottsucher das höchste Ziel und viele stellen ihr ganzes Leben auf diese Suche ein. Die Sehnsucht nach der Gotteserfahrung führt sie auf einen spirituellen Pilgerweg und manche werden völlig erfasst von dieser Suche. In traditionellen religiösen Gemeinschaften findet diese Suche auf der Basis von Erfahrung von alten spirituellen Vätern und Müttern statt. Im modernen Leben gibt es auch Menschen, die Gotteserfahrung in oft kleinen Gemeinschaften außerhalb der großen religiösen Systeme suchen und ihr Heil auf diesem Weg finden wollen.

Jedenfalls ist die Suche nach der Vereinigung mit göttlichen Kräften für viele ein wichtiger, wenn nicht sogar ein Hauptlebensinhalt. Kraft und Weisheit wird aus dem Suchweg oder dem Pilgerweg gezogen, aber erst recht, wenn sich Erfahrungen einstellen, in denen das Selbst oder das Göttliche erlebbar wird. C. G. Jung formulierte das so:

> »Das Ziel ist nur als Idee wichtig, wesentlich aber ist das Opus, das zum Ziel führt. Es erfüllt die Dauer des Lebens mit einem Sinn« (GW 16, § 400).

Gelingt es mir, meinen Erkenntnissen zu vertrauen?

Wenn ich mich als Erkenntnis- und Weisheitssucher verstehe, so ist es wichtig zu sehen, dass neben der Suche bzw. auch der Arbeit an Einsicht, Bewusstheit und der damit verbundenen Wachsamkeit noch etwas Wichtiges dazukommt: Es bedarf des Vertrauens in die individuelle Erkenntnis, die ich gemacht habe und die mir nun eigen ist. Es muss ein innerer Glaube an die Erkenntnisse da sein, da sie sonst nicht wirksam werden können. Man könnte gegenüberstellen: Die bewusste einsichtige Selbsterkenntnis ist also die Gnosis und das Vertrauen auf meine individuelle Erkenntnis wäre die Pistis. Gnosis ist das eine, dazu kommen muss auch die Pistis. Nur dann wird das Erkannte wirksam. Wirksam für mich, indem ich auch aus Sicherheit heraus diese Erkenntnis an andere weitergeben kann bzw. die vertrauensvolle Selbsterkenntnis ist es, die auch anderen Menschen Mut macht und auf sie anregend und heilsam wirken kann.

Literatur

Zitierte Quellen

Adam, K.-U. (2000/2006). *Therapeutisches Arbeiten mit Träumen.* Berlin: Springer.
Adam, K.-U. (2003). *Therapeutisches Arbeiten mit dem Ich. Denken, Fühlen, Empfinden, Intuieren – die vier Ich-Funktionen.* Düsseldorf: Walter.
Adam, K.-U. (2005). Innen und außen, *Jung Journal, 13,* S. 6.
Adam, K.-U. (1999). Introversion und Extraversion, *Jung Zeit, 3,* S. 8.
Daniel, R. (1993). *Archetypische Signaturen im unbewussten Malprozess.* Waiblingen: Bonz.
Dorst, B. (2007). *Therapeutisches Arbeiten mit Symbolen. Wege in die innere Bilderwelt.* Stuttgart: Kohlhammer.
Dorst, B. (1990). *Der Archetyp der Gruppe – Gruppen als Erfahrungsräume der Individuation.* Diplom-Thesis am C. G. Jung Institut Zürich.
Dorst, B. (2010). *Lebenskrisen. Die Seele stärken durch Bilder, Geschichten und Symbole.* Düsseldorf: Walter.
Dürckheim, K. (1983). *Der Körper, den ich habe – der Leib, der ich bin.* Johanna Nordländer Verlag.
Erikson, E. H. (1980). *Jugend und Krise.* Stuttgart: Klett-Cotta.
Eschenbach, U. (1996). *Der Ich-Komplex und sein Arbeitsteam. Topographie der Selbstentfaltung. Therapeutische Konzepte der Analytischen Psychologie C. G. Jungs, Bd. 4.* Leinfelden: Bonz.
Höller, S. (1987). *Der gnostische Jung und die sieben Reden an die Toten.* Calw: Schatzkammer.
Hüther, G. (2004). *Die Macht der inneren Bilder.* Göttingen: Vandenhoeck & Ruprecht.
Ingemann, B.-S. (1850). Pilgrimssang. In *Norsk salmebok* (1985) Oslo: Verbum.
Jacobi, J. (1957). *Komplex, Archetypus, Symbol.* Zürich: Rascher.
Jacobi, J. (1971). *Die Psychologie von C. G. Jung. Eine Einführung in das Gesamtwerk.* Frankfurt a. M.: Fischer.
Kalff, D.-M. (1996). *Sandspiel – seine therapeutische Wirkung auf die Psyche.* (3. Aufl.). München/Basel: Ernst Reinhardt.
Kast, V. (2007). *Die Tiefenpsychologie von C. G. Jung.* Stuttgart: Kreuz.
Kast, V. (1990). *Die Dynamik der Symbole.* Olten: Walter.
Kast, V. (1988). *Imagination als Raum der Freiheit. Dialog zwischen Ich und Unbewusstem.* Olten: Walter.
Mahler, M. (1972). *Symbiose und Individuation.* Stuttgart: Klett-Cotta.
Müller, L. & Müller, A. (Hrsg.). (2003). *Wörterbuch der Analytischen Psychologie.* Düsseldorf: Walter.
Neumann, E. (1992). Die Psyche und die Wandlung der Wirklichkeitsebenen, Eranos-Jahrbuch 1937, Bd XXI, Zürich: Rhein-Verlag 1953. In *Die Psyche als Ort der Gestaltung – Drei Eranos-Vorträge.* Frankfurt a. M.: Fischer.

Neumann, E. (2004). *Ursprungsgeschichte des Bewusstseins*. Düsseldorf: Walter.
Neumann, E. (1974). *Die große Mutter. Eine Phänomenologie der weiblichen Gestaltung des Unbewussten* (1956). Olten: Walter.
Roesler, C. (2010). *Analytische Psychologie heute. Der aktuelle Stand der Forschung zur Psychologie C. G. Jungs*. Basel: Karger.
Roth, W. (2003). *Einführung in die Psychologie C. G. Jungs*. Düsseldorf/Zürich: Walter.
Samuels, A. (1985): *Jung and the Post-Jungians*. London: Routledge and Kegan Paul; *Jung und seine Nachfolger. Neuere Entwicklungen der Analytischen Psychologie*. Stuttgart: Klett-Cotta 1989.

Literatur von C. G. Jung

Jung, C. G. (1971ff.). *Gesammelte Werke (GW), 20 Bde*. Hrsg. von L. Jung-Merker, E. Rüf, L. Zander et al. Olten: Walter.
Jung, C. G. (1971). *Erinnerungen, Träume, Gedanken*. Hrsg. von A. Jaffé. Olten: Walter.
Jung, C. G. (1973). *Briefe I, 1906-1945; Briefe II, 1946-1955; Briefe III, 1956-1961*. Hrsg. von A. Jaffé, in Zusammenarbeit mit G. Adler. Olten: Walter.
Jung, C. G. (2009). *Das Rote Buch*. Hrsg. v. Sonu Shamdasani. Düsseldorf: Patmos.
Jung, C. G. (2009). *Der Mensch und seine Symbole*. Hrsg. v. M.-L. v. Franz, J. L. Henderson, J. Jacobi & A. Jaffé (17. Aufl.) Düsseldorf: Patmos.
Jung, C. G. & Pauli, W. (1992). *Ein Briefwechsel 1932-1958*. Hrsg. von C. A. Meier. Unter Mitarb. von C. P. Enz und M. Fierz. Berlin: Springer.

Literatur zu Leben und Werk C. G. Jungs

Bair, D. (2005). *C. G. Jung. Eine Biographie*. München: Knaus.
Endraß, E. (2011). *Carl Gustav Jung. Wie der Pfarrersohn die Seele erforschte*. Berlin: Wichern.
Franz, M.-L. v. (1996). *C. G. Jung. Sein Mythos in unserer Zeit*. (Neuaufl.). Düsseldorf: Walter.
Hannah, B. (2006). *C. G. Jung. Sein Leben und Werk. Biographische Aufzeichnungen* (Neuaufl.). Fellbach: Bonz.
Jacobi, J. (2008). *Die Psychologie von C. G. Jung* (22. Aufl.). Frankfurt a. M.: Fischer.
Roth, W. (2009). *C. G. Jung verstehen. Grundlagen der Analytischen Psychologie*. Düsseldorf: Patmos.
Stein, M. (2009). *C. G. Jungs Landkarte der Seele. Eine Einführung*. Düsseldorf: Patmos.
Stevens, A. (1999). *Jung*. (= Meisterdenker). Freiburg: Herder.
van der Post, L. (2000). *C. G. Jung, der Mensch und seine Geschichte*. Zürich: Diogenes.
Wehr, G. (1985). *Carl Gustav Jung. Leben - Werk - Wirkung* (3. Aufl.). München: Kösel.
Wehr, G. (2006). *C. G. Jung* (= Rowohlts Monographien, Bd. 152; 21. Aufl.). Reinbek: Rowohlt.

Ausgewählte Fachliteratur zur Analytischen Psychologie

Bovensiepen, G. (2019). *Die Komplextheorie. Ihre Weiterentwicklungen und Anwendungen in der Psychotherapie.* Stuttgart: Kohlhammer.
Braun, C. (2016). *Die therapeutische Beziehung. Konzept und Praxis in der Analytischen Psychologie C.G. Jungs.* Stuttgart: Kohlhammer.
Daniel, R. (2018). *Das Selbst. Grundlagen und Implikationen eines zentralen Konzeptes der Analytischen Psychologie.* Stuttgart: Kohlhammer.
Müller, A. & Müller, L. (2018). *Praxis der Analytischen Psychologie. Ein Lehrbuch für eine integrative Psychotherapie.* Stuttgart: Kohlhammer.
Rafalski, M. (2018). *Empfinden, Intuieren, Fühlen und Denken. Die vier psychischen Grundfunktionen in Psychotherapie und Individuation.* Stuttgart: Kohlhammer.
Roesler, C. (2016). *Das Archetypenkonzept C. G. Jungs. Theorie, Forschung und Anwendung.* Stuttgart: Kohlhammer.
Vogel, R. T. (2015). *Das Dunkle im Menschen. Das Schattenkonzept der Analytischen Psychologie.* Stuttgart: Kohlhammer.
Vogel, R. T. (2016). *G. G. Jung für die Praxis. Zur Integration jungianischer Methoden in psychotherapeutische Behandlungen.* Stuttgart: Kohlhammer.
Vogel, R. T. (2017). *Individuation und Wandlung. Der »Werdensprozess der Seele« in der Analytischen Psychologie C. G. Jungs.* Stuttgart: Kohlhammer.
Vogel, R. T. (2018). *Analytische Psychologie nach C. G. Jung (Psychotherapie kompakt).* Stuttgart: Kohlhammer.

Ausgewählte Literatur zu den Methoden

Traumarbeit
Adam, K. U. (2003). *Therapeutisches Arbeiten mit dem Ich.* Düsseldorf: Walter.
Adler, G. (1952). *Zur Analytischen Psychologie.* Zürich: Rascher.
Kast, V. (2006). *Träume. Die geheimnisvolle Sprache des Unbewussten.* Düsseldorf: Walter.
Riedel, I. (1997). *Träume - Wegweiser in neue Lebensphasen.* Stuttgart: Kreuz.
Schnocks, D. (2009). *Was unsere Träume sagen wollen.* Freiburg: Herder.

Aktive Imagination
Dorst, B. & Vogel, R. T. (2014). *Aktive Imagination. Schöpferisch leben aus inneren Bildern.* Stuttgart: Kohlhammer
Kast, V. (1988). *Imagination als Raum der Freiheit.* Düsseldorf: Walter.
Müller, L. & Knoll, D. (1998). *Ins Innere der Dinge schauen.* Mit Symbolen schöpferisch leben. Zürich: Walter.
Seifert, A. L., Seifert, T. & Schmidt P. (2003). *Der Energie der Seele folgen.* Düsseldorf: Walter.

Unbewusstes Malen
Daniel, R. (1993). *Archetypische Signaturen im unbewussten Malprozess.* Waiblingen: Bonz.
Jacobi, J. (1969). *Vom Bilderreich der Seele. Wege und Umwege zu sich selbst.* Olten: Walter.

Riedel, I. (1992). *Maltherapie. Eine Einführung auf der Basis der Analytischen Psychologie von C. G. Jung.* Mit Beiträgen von Christa Henzler. Stuttgart: Kreuz.

Henzler, C. & Riedel, I. (2003). *Malen um zu überleben. Ein kreativer Weg durch die Trauer.* Stuttgart: Kreuz.

Sandspiel

Ammann, R. (2001). *Das Sandspiel. Der schöpferische Weg der Persönlichkeitsentwicklung.* Düsseldorf u. a.: Walter.

Mitchell, R. & Friedman, H. (1997). *Konzepte und Anwendungen des Sandspiels.* München/Basel: Ernst Reinhardt.

Gontard, A. von (2007). *Theorie und Praxis der Sandspieltherapie.* Stuttgart: Kohlhammer.

Kalff, D. M. (1996). *Sandspiel – seine therapeutische Wirkung auf die Psyche* (3. Aufl.). München/Basel: Ernst Reinhardt.

Pattis Zoja, E. (Hrsg.) (2019). *Expressive Sandarbeit in der psychodynamischen Therapie von Kindern und Jugendlichen.* Stuttgart: Kohlhammer.

Rasche, J. (2002). *Das therapeutische Sandspiel in Diagnostik und Psychotherapie.* Stuttgart: Opus Magnum.

Sandspiel-Therapie. Zeitschrift der Deutschen und der Schweizerischen Gesellschaft für Sandspieltherapie (DGST und SGSST). Hrsg. v. Maria Kendler. Deiningen: Verlag Steinmeier.

Weblinks zur Analytischen Psychologie

Opus-magnum (www.opus-magnum.de) veröffentlicht Bücher zur Analytischen Psychologie und zu verwandten Themen und bietet kostenlose Downloads vergriffener Werke an.

Symbolonline (www.symbolonline.de) ist eine vom Verlag Opus-magnum erstellte Symboldatenbank mit tiefenpsychologischen Deutungsansätzen zahlreicher Autoren der Analytischen Psychologie.

Im Jung-Journal (www.jung-journal.de) und im Jung-Forum (www.jung-forum.de) werden Themen der Analytischen Psychologie behandelt.

Deutsche Fachzeitschrift: Analytische Psychologie. Zeitschrift für Psychotherapie und Psychoanalyse (www.brandes-apsel-verlag.de)

Stichwortverzeichnis

A

Abwehr 66 f., 71 f., 145
Aggression 66, 72, 125 f., 137, 151
aktive Imagination 88, 95, 97 f., 101, 115, 120, 147
Amplifikation 86–88
Analytische Psychologie 15, 18 f., 23, 26, 34, 40, 43, 77, 87, 95 f., 132
Angst 40, 44, 67, 79, 90, 137, 145
Anima/Animus 38, 48, 54, 138, 140, 142
Anschauungsmodell der Psyche 26, 34, 36 f.
apriorisches Gestaltungsprinzip 26, 49, 90
Äquivalenz 60, 63, 66 f.
archaisch 46, 65, 73, 83
Archetyp 20, 26, 30 f., 33, 35–38, 43 f., 47 f., 50, 59, 65, 67, 69 f., 72, 74, 80 f., 87, 91 f., 97 f., 102, 105, 107, 114, 124, 132, 136–139, 141–143, 146, 157
Assoziieren 85 f.
Autonomie 30, 32, 45, 112

B

Besonderheit 29 f., 113
Bewusstmachung 27 f., 37, 101, 127
Bewusstsein 83
Bewusstseinsprozess 28
Beziehungsfähigkeit 32, 115
Beziehungskomplex 44

D

Differenzierung 29, 58

E

Einstellungsfunktionen 37, 39 f., 58, 62, 147

Enantiodromie 61 f., 149
energetische Hypothese 51
Entropie 63, 66 f., 69
Entwicklungsaufgaben 18, 32
Erkenntnisaufgaben 15, 37
Extraversion 37, 39 f., 54, 58, 62, 114, 147 f.

F

Finalität 56
Funktionskonstellationen 41, 119

G

ganzheitlich 25, 27 f., 31, 140
Ganzwerdung 26, 28
Gegensatzstruktur 40, 50, 53
Gelassenheit 143–145
Gruppentherapie 102

H

Habenwollen-Impulse 125
Heilung 55, 99 f., 105–107
Hirnstruktur 46 f., 49

I

Ich-Bewusstsein 27, 35–37, 39, 44 f., 56, 62, 64 f., 67, 70, 80, 97 f., 100, 106, 157
Ich-Kohärenz 64
Ich-Komplex 39, 49, 69, 91
Individuationsprozess 15, 20, 24, 26 f., 29, 37, 39, 54, 88, 99
Individuationsweg 19, 28, 30, 81, 83, 100, 103, 111 f., 124, 126, 140, 156, 159
Introversion 37, 39 f., 54, 58, 62, 147

K

Kausalität 56

Kind   24, 48, 50, 57, 61, 92, 101, 134, 137–139
kollektives Bewusstsein   36–39, 45
kollektives Unbewusstes   25, 28, 32, 35–38, 42, 44, 46–48, 55, 67, 81, 105 f.
Kompensation   63, 65 f., 70, 97, 151
Komple   30, 35, 38, 43 f., 48, 65, 72, 83, 100, 104, 133–136
Krise   18, 24, 46, 57, 105, 155, 159

L

Lebensenergie   51–53, 58, 146, 150 f., 158
Lebensimpulse   129
Lebensphasen   32, 155 f.
Lebenssinn   28, 33, 89, 107, 153–155, 160
Libido   40, 51–53, 55–57, 59, 62 f., 66 f., 69–71, 74, 78, 97, 106, 112, 144, 153
Libidobewegung   56 f., 59
Liebe   53, 92, 114 f., 122, 127, 133, 137, 140, 159 f.

M

Mutter   24, 35, 38, 44, 48, 70, 72, 97, 137 f., 140, 158, 160

N

neurotisch   42 f., 52, 55, 58, 70, 95, 105 f.

O

Orientierungsfunktionen   37, 39 f., 54, 58, 103 f., 120

P

Persona   42, 44, 120–122
persönliches Unbewusstes   35 f., 38, 43, 45, 47, 59, 71 f., 104, 106, 134
Phantasien   27, 43, 46, 66, 78, 81, 83, 97, 102, 115, 124, 130, 142, 144, 151
Polarität   30, 53, 55, 59, 62, 68, 127 f., 132, 138, 141, 153
Progression   57–60, 62, 70, 126, 148 f.
Projektion   31, 64, 69, 71–73, 79, 131, 133 f., 152

psychische Struktur   26, 35, 47

R

Regression   57–60, 62, 90, 148 f.
Reifung   28 f., 33, 50, 52, 57, 105, 107
Religion   16, 19, 27, 38, 47, 53, 71, 87, 103, 115, 160

S

Sandspiel   95 f., 99–101
Schatten   29, 35, 38, 44, 46, 54 f., 65, 67, 72, 97, 102, 104, 125–127, 130–132, 152
schöpferisch   24, 27, 31, 57, 68 f., 71, 81, 83, 90, 95, 114, 129, 137, 152
Selbsterfahrung   29, 94 f., 101 f., 120, 134 f., 147, 157 f., 160
Selbsterkenntnis   25, 29, 32, 55, 112, 152, 161
Selbstregulation   59, 63, 66, 82, 100
Selbstverwirklichung   15, 18, 23 f., 26 f., 112, 114, 116 f., 155, 157
Selbstwerdung   26, 30, 49, 90
Selbstwert   64, 123 f., 151, 157 f.
sexuelle Impulse   125–127
Sinn   40, 96, 105, 142, 154 f.
Sinnfrage   15, 18, 107
Spiritualität   33, 96, 106, 115
Symbolarbeit   70 f., 73, 86, 88
Symbolsprache   79 f., 83 f., 88, 133, 142
Symbolverstehen   19, 82, 84 f., 90, 93, 101

T

therapeutischer Prozess   69, 80, 103
Tiefenpsychologie   18, 24, 26, 37, 94 f., 101, 124, 132
Traumarbeit   71, 95 f., 107
Träume   27, 43, 46, 48, 52, 66, 70, 73 f., 78 f., 81, 83, 88, 95–98, 101 f., 104 f., 115, 123, 129, 159

U

Unbewusstes   24 f., 27–29, 31, 35, 42 f., 46, 50, 54, 57–59, 65, 70 f., 78–80, 86,

90, 95–98, 100 f., 104, 112, 115 f., 123, 125, 151 f., 159

V

Vater   38, 44, 48, 97, 139 f., 160

W

Weisheit   20, 25, 33, 81, 105, 129, 138, 143, 145, 149, 160